AF410565

MARCOS CARÍAS REYES

GERMINAL

ERANDIQUE
COLECCIÓN

GERMINAL
MARCOS CARÍAS REYES

©Colección Erandique
Supervisión Editorial: Óscar Flores López
Diseño de portada: Danny Velásquez
Administración: Tesla Rodas
Director Ejecutivo: José Azcona Bocock
Primera Edición
Tegucigalpa, Honduras—Abril de 2026

ÍNDICE

LA TRAGEDIA DE MARCOS CARÍAS REYES

A diferencia de la mayoría de los secretarios privados de los presidentes hondureños (que llegan a figurar al puesto o a exhibir su sectarismo), Marcos Carías Reyes le dio un fuerte impulso a la cultura y al apoyo de escritores y artistas.

Fue, por así decirlo, una de las almas sensibles de la dictadura de su tío, el general Tiburcio Carías Andino, quien gobernó con puño de hierro de 1933 a 1949.

"Desde su cargo, Carías Reyes se preocupó por fomentar el desarrollo cultural y la edición de libros. Cuando podía, procuraba llevarles la contraria a los más duros del régimen. Dedicado a la resolución de grandes o pequeños problemas de la política criolla, perdió con pena precioso tiempo robado a su afición literaria", escribió Jorge Fidel Durón.

A pesar de eso, tuvo tiempo de escribir varias obras de cuentos (Germinal, Aroma del terruño, Prosas fugaces, Cuentos de lobos, Cuentos de perros y Cuentos de gatos); la novela La heredad y crónicas, ensayos y artículos periodísticos.

Como secretario privado promovió en 1942 (en el centenario de la muerte del prócer unionista), la reedición de la Biografía del General Francisco Morazán de Eduardo Martínez López y la Vida de Morazán de la Sociedad de Maestros Trinidad Bonilla de Juticalpa, el Testamento y Memorias del General Francisco Morazán.

La tragedia que él plasmaba en sus cuentos con maestría aún estaba lejos de rondarlo…

"En la primavera del 47 —escribió su hijo Marcos en el prólogo de los Cuentos Completos de Marcos Carías Reyes— promocionará, junto a Rafael Heliodoro Valle (del partido opositor, el Liberal), la figura de un líder que permitiera la convivencia pacífica entre los hondureños".

"Tuvo notoria influencia para que el sucesor de Carías Andino fuera Juan Manuel Gálvez, cuya administración contribuyó notablemente a superar el rígido marco político que había prevalecido por 16 años".

Pero no lograría ver los pasos de desarrollo y modernización que Honduras comenzaría a dar de la mano de Gálvez, ni otros hechos como la Huelga Bananera del 54, nuevos golpes de Estado ni la guerra del 69.

A pesar de los privilegios de los que gozó por ser sobrino y secretario privado de Carías Andino, no tuvo una vida fácil. Su padre sufrió persecución política, exilio y cárcel.

Carías Reyes es joven aún (veinte años) cuando se queda sin padres. Al dolor se suma el asesinato de Ramón, su hermano mayor, a "quien encontré de espaldas sobre el pavimento. De la frente, en medio de los ojos, brotaba impetuosamente un chorro de sangre".

No es de extrañar, entonces, que muchos de los cuentos de Marcos Carías Reyes tengan el sello de la fatalidad, de la tragedia, de sangre derramada, de la muerte…

Muerte que habría de encontrarlo a él cuando apenas tenía 44 años…

"HONDURAS LO PERDIÓ POR UN CHISME"

Diario El Día, en su edición del 16 de octubre de 1947, publicó la siguiente noticia:

"Ayer a la 1 de la tarde, la niña Norma Zablah, de once años de edad, salió de la residencia de sus padres hacia el Instituto María Auxiliadora, en donde hace sus estudios. Pero la niña no llegó al colegio, ni regresó al hogar.

Anoche se procedió a buscarla; y esta mañana, los atribulados padres continúan en terrible ansiedad, sin saber su paradero.

La oficina de Investigación Nacional está activando a fin de localizar el paradero de la niña, quien al dirigirse ayer al colegio iba con el uniforme blanco que se usa en aquel establecimiento.

Norma Zablah, de color moreno claro, es hija del señor Jacobo Zablah y señora. Vivía en el Bazar Jerusalén, el establecimiento de sus padres situado en la calle del comercio frente al Parque La Merced, exactamente donde hoy se encuentra el edificio Midence Soto".

"Comenzaron entonces a circular las suposiciones sin fundamento que señalaban a un alto personaje de la administración de Carías Andino como responsable del horrendo crimen, al sobrino del dictador, licenciado Marcos Carías Reyes, a un chofer de este llamado Fausto y al exministro de Hacienda Urbano Quesada. Comenzó a regarse el chisme entre las plazas y mercados hasta que llegó deformado como noticia a la prensa nacional", relata el escritor Óscar Estrada.

El artículo de Estrada fue publicado en El Pulso Digital bajo el título Los últimos días de vida del escritor Marcos Carías Reyes y la desaparición de la niña Norma Zablah.

Esto relataría un testigo a Diario La Época:

"Ese trágico día, 24 de octubre de 1949, iba yo por la esquina de la Frutería El Rábano, cerca de la Farmacia Arles, como a la una de la tarde, acompañado del señor William Shoemaker —quien se desempeñaba como agente de Scotland Yard de Londres en Tegucigalpa—, cuando escuchamos la fuerte detonación de un disparo de pistola automática. Cundió la alarma entre los vecinos del sector y la casa que estaba situada frente al Cine Pálace. Todos nos dirigimos a investigar lo sucedido. Desgraciadamente, el hecho quedó comprobado. El señor Marcos Carías Reyes se había suicidado".

Durante dos años, el talentoso escritor soportó el despiadado ataque del chisme capitalino… hasta que su alma no pudo más.

Su hijo Marcos Carías Zapata escribió:

"Quizás una primera huida para liberarse de aquellos barrotes grabados en su espíritu fue su viaje, de un mes, por países de Sudamérica, cuando era Ministro de Educación, en el gobierno de Gálvez. Se le criticó como ´ministro viajero´; pero tal apreciación era poca cosa comparada con la calumnia que le había sublevado el alma. Y eso que tal vez lo hicieron por jugar a la política, por atacar a un presunto adversario, pero ¿qué calificativo podrían merecer (sus nombres que se los trague la tierra) aquellos que llevaron a una radioemisora salvadoreña toda la trama, en capítulos infamemente novelados (¿y cuál peor apelativo para los que compusieron la monstruosidad?) en la que se responsabilizaba a Carías Reyes del rapto y desaparición de una niña palestina´?".

Pero también miopía en la gente política de su entorno, mucho más curtidos que él, que ante lo absurdo de la acusación le aconsejaban, simplemente, que no les hiciera caso a semejantes infundios —agregó—. La puñalada gratuita ya le había calado la entraña. La especie hasta prendió en la imaginación popular, donde quedó ambigua y agazapada. Al final, toda la ciudad, el país y su literatura se tragaron la vergüenza por la calumnia y la vergüenza colectiva reaccionó con el silencio.

"La memoria, de quien alguna vez fuera el escritor más prometedor de la generación de la dictadura, la perdió Honduras con el chisme" —dice Óscar Estrada.

No estoy de acuerdo. Se perdió prematuramente su vida, pero su memoria ha perdurado, gracias a la calidad de su obra literaria. Sus cuentos son una prueba.

Como escritor, Marcos Carías Reyes fue uno de los más respetados y admirados de su generación. Como fiel representante de la corriente literaria del criollismo, o costumbrismo, sus relatos están marcados por la tragedia y la fatalidad.

A pesar de ser sobrino de Carías Andino, en muchos de sus cuentos hay crítica social y política, así como denuncias a las injusticias políticas.

"Detesto las cárceles del espíritu. Me gusta ser libre ante el prejuicio, el valor convencional y la verdad consagrada", escribió Marcos Carías Reyes.

Y la búsqueda de esa libertad lo empujar a tomar, seguramente, la fatal decisión que dejaría a Honduras sin una de sus plumas más brillantes.

Óscar Flores López
Editor Colección Erandique

PRÓLOGO

El Arte ha sido para mí una pasión obsesionante. Y, aunque las luchas sociales y las urgencias de la vida material me han obligado a relegarlo a un segundo plano, ha sido siempre la íntima delectación de mi espíritu.

Entre las arideces de la política y los cactus sangrantes del periodismo, he consagrado devotamente un rincón de ensueño para el culto de la eternal Belleza.

He estado alerta frente a la evolución y las modalidades de la obra artística, captando maravillas nuevas y, a veces, descubriendo y estimulando talentos que se inician en la semiobscuridad de una primicia.

Y, cuando una figura de artista se destaca en relieve, brillante y fuerte, siento en mi corazón una alegría inusitada, un deseo irrefrenable de aplaudir y de estallar en homenajes.

Y si el artista surge en un medio de incomprensión, saturado de egoísmos rudos y de oscuras envidias, en el cual las juventudes se sienten aplastadas bajo la sonrisa desdeñosa o hiriente de unas cuantas celebridades vacías, se suscita en mi corazón una fiesta de fulgores, en la que arden los inciensos y las mirras en pebeteros dionisíacos, entre la fiebre ritual de las vacantes, y una locura divina ensaya danzas menfíticas, mostrando en ondulaciones de arrebato la púdica desnudez de sus líneas y el donaire de sus ritmos, para celebrar el advenimiento del Enviado del Cielo que, victorioso en la batalla contra aquellos gigantes del medio, viene a ofrecer a la Humanidad un nuevo mensaje de luz y de amor.

Así la fiesta que ha suscitado en mi espíritu el aparecimiento de Marcos Carías Reyes bajo el platón azul del Arte.

Desde que comencé a leer en revistas y periódicos los cuentos y las crónicas de este brillante joven, comprendí que una promesa cierta había iluminado el horizonte de Honduras.

Y cuando esta promesa —irisada— cristalizó en "LA HEREDAD" con una fastuosa cintilación de facetas, vi delinearse la figura del artista en la plenitud anunciadora de una gesta triunfal.

Ahora he tenido la conciencia clara y precisa de que Honduras ha producido un gran artista, al leer, coleccionados, algunos cuentos de Carías Reyes, en los cuales la fantasía se ha desatado en pétalos vibrantes y sutiles, trozos de vida y de prodigio, bajo el embrujamiento del misterio hecho ritmos y evocaciones, bronces eginetas, mármoles áticos, vibrantes y agitados a veces en un conflicto dramático o en una conmoción de tragedia.

Yo le he descubierto en la malla lírica de sus visiones, en la rara creación de sus símbolos, en la euritmia de sus frases aterciopeladas o nerviosas, en la plasticidad parnasiana de sus imágenes, en la profusión radiosa de sus gemas, en la firmeza de sus pinceladas ricas de colorido, en el don celeste de convertir la palabra en paisajes, en movimientos, en vibraciones, en espejismos, en emociones rítmicas, con una discreción sabia en donaires y elegancias.

Y, sobre todo, lo he descubierto en el noble continente de su persona, toda ella iluminada de modestia, y en la cual jamás han dejado sus huellas las pasiones malsanas. Un alma pura de artista cuya visión lejana pasa, sin alcanzarlos, sobre los egoísmos y los odios, sobre toda la fauna venenosa que se debate en los oscuros fondos del báratro.

El lector curioso puede descubrir, leyendo a Carías Reyes, una brillante teoría de figuras superbas: ora un vaso de Klitias, ora una tanagra, Tánatos, ora una Atenea Lemnia, ora un friso corintio, ora un pórtico romano; pinturas, esculturas y arquitecturas, todas palpitantes de vida, como si la mano de Praxiteles, de Fidias o de Vinci los hubiera encendido de divinidad.

Sin intención, sin empeño, sin pretensiones, el artista revela en sus cuentos un dominio absoluto de la Belleza, al través de la mitología y de la historia, mostrándose erudito a lo Pierre Louÿs para la creación precisa, científica diríase, de sus personajes y de sus íconos.

Su estilo es amplio y vigoroso, manifestándose con la naturalidad de una corriente que discurre sin tropiezos, en una prosa sonora y cristalina que nos hace evocar a veces a Enrique Rodó y a Juan Ramón Molina.

He encontrado en los cuentos de Carías Reyes la concepción verleniana del Arte: ritmos e imágenes, es decir, la música en sus múltiples vibraciones y la pintura en sus inagotables matices y claroscuros.

Pero algo más: la concepción de Pierre Louÿs, para quien el Arte es la expresión de la vida.

Y la sentencia de Barbey d'Aurevilly: lo único verdadero son las quimeras que soñamos.

Crear fantasmas alucinantes, brujerías de colores, de armonías, de claridades y de sombras, dentro de un cuadro humano, idealizando las cosas de la Naturaleza, he ahí el Arte, la verdad suprema de lo bello, que no es el pasto de la razón, que dijera Baudelaire, sino la ambrosía pura de que se alimentan los dioses.

Carías Reyes, en El Ópalo Triste, nos cuenta que "el ópalo estaba tísico por la nostalgia de un lindo dedo pálido, por aquella mano breve donde tanto tiempo vivio cautivo, por aquellas pupilas de aguamarina y aquella boca que tantas veces le dejó el calor de un beso apasionado y primaveral; había vivido derramando su fulgor malva y rojo, con encanto crepuscular, sobre los cinco pétalos arborescentes de aquella mano incomparablemente grácil que resucitaba el prestigio extinto bajo el hacha niveladora de los septembristas victimarios de la princesa Lamballe; a ratos era el ópalo una disolución de violetas prisioneras en un rayo de sol convertido en maravilloso estuche, y en el fondo había un brillo incandescente, fúlgido, ora semejaba un estanque microscópico e inmóvil de extrañas coloraciones, desde el oro amarillo hasta el rojo violento de los atardeceres, diríase que la gema vivía, que estaba animada por un espíritu, que palpitaba en ella la conciencia de sus fulgores y se creyera orgullosa por tal motivo y por sentir la caricia oscura de mil ojos sobre su fría consistencia. Puck, señor y mago de las entrañas vírgenes, le había insuflado algo de su ser taumatúrgico y eterno."

Y en La Reina Malva:
"En las leyendas áureas donde hay demencia de mármoles y pórfidos."

Y en El Grumete:
"Un tropel alucinante de ciudades y de puertos."

Y en La Tempestad:
"Ver llegar la noche con una lluvia de diamantes en la cuenca imponderable."

"El trueno rodaba locamente semejante a un desgarramiento de las montañas."

Basta de citas. Los lectores de este libro sabrán hallar en él —en profusión— los cuadros mágicos evocados en los fragmentos preinsertos, y podrán contemplar la Belleza, plena de espiritualidad, mostrando su desnudez helénica, bajo la égida de la virginal Atenea y de la radiante Parsifae.

JULIÁN LÓPEZ PINEDA

París, 14 de julio de 1936.

AMOR SACRÍLEGO

No en las páginas nerviosas de Giovanni Papini, ni en los atormentados sueños de San Agustín, ni en la visión angélica de Santa Teresa de Jesús, he encontrado el rostro maravilloso que colmó de inquietud mi corazón. No ha surgido la bella frente empurpurada bajo la corona de espinas, las suaves pupilas circundadas de violáceas ojeras, ni el gesto que hace enmudecer la rebeldía; no han surgido en medio de las bóvedas suntuosas donde el incienso arde y tiemblan los cirios votivos. Ante un Cristo de Limpias tallado en madera perfumada por un artista desconocido; ante un Cristo que era todo belleza y silencio y angustia, surgió de pronto la visión del martirio, la visión del sacrificio, la sublime locura de un gesto humano.

Esa figura tallada en el humilde madero da con su patética desnudez, la imagen viva, doliente, carnal del Hombre. Yo he tratado de anegarme en la doctrina cristiana recorriendo las páginas de los apologistas del Redentor. He tratado de amar hondamente al Maestro escuchando a sus sacerdotes. He deseado sumergirme en las cisternas de su bondad cuando la polifónica armonía del órgano llena el templo majestuoso. Y ni Papini, ni la ingenua teoría de los catecismos, ni el verbo de los pontífices, ni la mitra áurea, ni la custodia resplandeciente, ni el vino generoso, ni la hostia suave, ni la púrpura cardenalicia, ni la voz sonora de los bronces, han producido en mi ser la impresión lancinante y convincente que causó ese pobre Cristo pálido y ensangrentado, de las ojeras violáceas, huellas del martirio y del ensueño. Cristos de los frescos suntuosos, aristocráticos redentores vestidos de telas y joyas valiosas, Exe—hómos rodeados de cortinajes y de blondas, yo quisiera vivir ante vosotros el minuto de emoción que viví ante el fragmento de madero a quien diera contornos elocuentes la mano de un artista quizás bohemio y proletario. Voltaire, Nietzsche, France, Artzybachev, enmudecieron ante esa imagen del Hombre, luminosa de amor, de dolor, de martirio.

Y fue en esa tarde, contemplando el rostro hialino del Cristo de Limpias, que recordé aquella maravillosa como rara historia oída no sé cuándo, ni dónde, ni de labios de quién... tal vez de una virgen histérica, tal vez de un fraile austero en la lobreguez de una celda, tal vez escuchada en una noche de orgía al amigo iconoclasta.

I

El monje Efraín amaba a María de Magdala, que bautizaron las gentes con el suave nombre de Rosa de Betania. El monje Efraín era el más joven del claustro; vástago de noble linaje, heredero de cuantiosa fortuna, cuando era casi un niño sintió la atracción del sombrío monasterio y germinó en su alma un recóndito amor hacia los crucifijos que penden en las desnudas paredes de las celdas y los infolios de teología perfumados con un aroma de nostalgia, un aroma de tiempos viejos. Ingresó al claustro y pronto fue, gracias a su pía devoción y a su suavidad, uno de los predilectos.

El monje Efraín dejaba transcurrir las horas consagrado al estudio de sus sacros volúmenes. En los bellos crepúsculos vespertinos meditaba el joven bajo el rumoroso follaje de los árboles del patio y a veces colaboraba con Pedro el jardinero en las pequeñas labores agrícolas del monasterio. La vida se desarrollaba plácida y reposada entre el toque de maitines y la oración de la tarde. Lejos el mundo y el ruido, la carne y el demonio.

Todos amaban al monje Efraín. Su dulzura, la suavidad de sus palabras, sus miradas que diríase erraban sobre las cosas y los seres acariciándolos con ternura, su pálido rostro y su noble ademán eran proverbiales entre las gentes del monasterio. «Es tan devoto como el hermano Efraín.» «Existe en él tanta bondad como en el hermano Efraín» —se decía. Su abstinencia, su pudor, no se habían ruborizado jamás ante ninguna sospecha. Y hasta los perros vagabundos y pordioseros que acudían a lamer las puertas del claustro sabían de su piedad.

Repentinamente, el hermano Efraín se volvió irascible y violento. Su extraordinaria suavidad, su dulce palabra desaparecieron por ensalmo. Dio malas razones. Rehusó hablar a sus compañeros con su cálido y fervoroso verbo, de la pasión y muerte de Jesucristo, como solía antes a la luz del plenilunio, bajo los árboles del jardín.

Replicaba duramente a Pedro el jardinero cuando éste lo invitaba a la faena. Y —cosa inaudita— un día arrojó la puerta al rostro lamentable de un mendigo y dio de puntapiés a un can hambriento. Algo diabólico, algo insólito, ocurría en la vida del monje Efraín.

Este brusco cambio en las modalidades del dulce hermano coincidía con la fecha de su última salida al mundo. Muy raras veces Efraín abandonaba el convento. Allí radicaban su vida y su gloria. Fuera, tras los gruesos muros bullía la existencia —para él banal, corrompida y miserable— de los demás hombres. Sólo trasponía el umbral del monasterio para ir a visitar a su madre, una vez cada cuatro o cinco meses. Aunque las reglas de la comunidad se lo hubiesen permitido, él no manifestaba deseos de salir. Y fue en una de esas visitas a su madre que conoció a Clara van Séveren, su prima carnal.

Clara van Séveren era una criatura rubia y frívola. Amaba los cines, las revistas teatrales, el tenis, apuraba cócteles, leía las novelas de Guido da Verona. Efraín nunca se hubiese familiarizado con ella. Su palabra viva y colorida, la movilidad de

sus gestos y su desenvoltura le produjeron mala impresión. Era la primera vez que veía a su prima, ausente durante muchos años en el extranjero. Y a pesar de ser ella tan distinta de las dulces madonnas de la religión, quizás por eso, Efraín dejó posarse largamente sus ojos en la rubia Clara.

Cuando se rompió aquella especie de sortilegio que produjo la mirada, Efraín clavó una y otra vez sus pupilas en la mujer que tenía enfrente. La primera mirada fue de inocencia, de recato, diríase sorprendida. Las siguientes fueron miradas insidiosas, casi culpables, con algo de terror divino y de goce sacrílego. Abismó el joven sus tranquilos ojos soñadores en las cisternas misteriosas, de un azul ambiguo, que semejaban las pupilas de Clara van Séveren.

Palpó con la mirada ávida las líneas graciosas del cuerpo femenino, la ondulación insinuante de las caderas, el misterio del seno opulento. Una onda de perfume mórbido, enervante, intenso, parecía apoderarse de él. Un malestar inexplicable le asediaba el cuerpo. La sangre bullía rápidamente; martilleaban en sus sienes las arterias enloquecidas. Sentíase ebrio y, ante aquella mujer rubia y láctea, que veía junto a sí; ante la obsesión de aquella mujer desnuda y prometedora, el instinto genésico rugía implacable.

Pero, después de un ceremonioso saludo, correspondido con una fresca sonrisa de la prima, Efraín abandonó la habitación de su madre, volviendo a la soledad y la pureza de su celda. No volvió a ver jamás a Clara van Séveren.

Sin embargo, de aquel día databa su extraña conducta.

Se le vigiló. Muchas veces lo sorprendieron extático ante la María Magdalena de la catedral metropolitana o ante el retrato de la Rosa de Betania, firmado por un célebre pintor holandés o español, que adornaba el oratorio del monasterio. Detalle revelador: el hermano Efraín adquirió una pequeña reproducción de aquel retrato famoso y la colocó bajo el crucifijo de su habitación, sobre su lecho de asceta donde jamás habían florecido las rosas rojas del pecado.

II

El monje Efraín se consumía en las ansias de una pasión sacrílega. Además de sacrílega, imposible. Amaba a María Magdalena, la cortesana dorada, la Rosa de Betania, flor maravillosa de pecadoras. El monje Efraín siempre había adorado la figura resplandeciente de la tercer María, nimbada de santidad cuando ungió con esencia de nardo los pies del Maestro y cuando derramó lágrimas piadosas la tarde de la crucifixión, al pie del madero infamante. Después de conocer a Clara van Séveren, Efraín amó a María Magdalena como un hombre ama y desea a una mujer. Quizás en la imagen de la Pecadora, Efraín amase a Clara van Séveren. La repentina aparición de ésta había revelado el misterio al joven monje. Ella era la mujer. Era la hembra. Era el amor, el mundo, la sangre y el pecado. Cuando la vio, cuando se abismó en las pupilas de Clara van Séveren, que eran de un azul ambiguo, como el de las cisternas, Efraín recordó que en su vida casta, que en su blanca vida, existía otra mujer. Otra mujer blonda y fragante, carnal y sensual. En ese momento, la lejanísima figura áurea de María Magdalena se corporizó ante sus ojos, ante sus sentidos, ante su corazón.

Le infundió sangre, luz, vida, alma, a lo que había, sido un recuerdo, una evocación, un fantasma. Y arribaron a él los raptos de angustia y las noches de insomnio y las horas desoladas. Contemplaba largamente, poseído de inquietud libidinosa, el rostro lácteo, nimbado por la cabellera de oro. A veces lo cubría de besos. Y temblaba todo él ardiendo en fiebre insana.

Por este amor superhumano y maldito odió al Redentor. Tuvo celos de él. María Magdalena también había amado a Jesús. Por ese amor abandonó su vida regalada y brillante de cortesana y sus perfumes y sus ricas joyas y sus favoritos. Sólo un inmenso amor de mujer puede llegar, como el suyo, al sacrificio, al renunciamiento, a la suprema abnegación y a la humildad. Sólo en un alma de mujer puede encontrar cabida semejante amor, que no es de madre, ni es de hija, ni es de hermana. Así como sólo en el alma de un hombre puede encontrar abrigo un amor semejante al de Cristo hacia la humanidad irredenta. La Rosa de Betania brillaba en el apogeo de su juventud, de su hermosura y de su fulgor cuando el sublime loco apareció sembrando en las tierras áridas de Judea el grano perfumado de sus parábolas. Y María Magdalena, que moraba en el boato, el goce y el vicio, que tenía en derredor una corte de amantes y vasallos, lo despreció todo, todo lo olvidó de pronto cuando allá sobre una calcinada llanura, ante las ondas verdeantes del lago de Tiberíades, Jesús hablaba en medio de un grupo de mujeres y de pescadores en harapos. Fue un gran amor el suyo indudablemente. Un grande amor humano.

Y —en sus tétricas noches de insomnio— veía aparecer el monje Efraín, la divina figura del Redentor, cruzando las calles de Jerusalén, en la apoteosis del Domingo de Ramos. Jesús atravesaba andando el irritado lago, Jesús ascendía a la montaña y las palabras del sermón brotaban de sus labios, herencia para todos los siglos; Jesús resucitaba a Lázaro, sanaba a los leprosos, hacía radiar la luz en las pupilas de los ciegos, multiplicaba el pan a los hambrientos, llenaba las vasijas de generoso licor. Y —más tarde— la cena de los doce, y el Huerto de los Olivos y el odio de la plebe, la comparación con Barrabás y la flaqueza de Poncio Pilatos, la rabia del sanedrín y la piedad de Claudia Prócula. Más tarde: el escarnio y la befa; la sentencia y la pasión, el látigo de los judíos, la brutalidad de los centuriones del águila dorada, el poderío de la Roma imperial cebándose en el Subversor, el madero a cuestas, la corona de espinas, la calle de la amargura, los desmayos, el lienzo de Verónica y el hombro del Cirineo, los clavos que hienden la carne y los brazos que se abren en cruz, la hiel y el vinagre, la tremenda lanzada en el costado y la sangre luminosa que fue alba en la noche de Longino. ¡Eli, eli lamma sabacthani!... la agonía y las pavorosas tinieblas...

Y el monje Efraín veía a María de Magdala siguiendo las huellas del Maestro. Ella lo había amado con todo un amor de mujer, todo un amor humano capaz de ir hacia el sacrificio, hacia el martirio. Pero él no la amó nunca. Porque su inmenso amor fue para todos los seres. Judas Iscariote vendió al Maestro por celos. El mísero amaba también a María Magdalena. Y cuando su pasión no fue correspondida, se vengó denunciando al Subversor. Efraín pensaba que si él hubiese estado en la cena de los doce, el traidor quizás no se llamase Judas...

III

Era la noche del Domingo de Resurrección. El monje Efraín, solo en el desamparo y la orfandad de su celda, sufría dominado por rojas visiones pecaminosas y sacrílegas. La claridad lunar, velada y tenue, penetraba por la ventana abierta por donde también penetraba el aroma intenso de los opulentos rosales en flor. El monje Efraín meditaba en la pasión de Cristo. Temblaba evocando la dorada figura de la Pecadora. Después del horror del Gólgota surgía la aurora del Domingo de Resurrección. El Subversor aparecía magnífico, luminoso, triunfante. Y el inmenso amor de los seres que estaban cerca de él, de los seres que sufrían con él, la Madre, José de Arimatea, ¡María Magdalena! era colmado de dicha. En aquella batalla monstruosa que reñía con el Redentor. Efraín comprendió que llevaba la peor parte. Era el vencido.

Alzó los ojos. Sobre María Magdalena, el Crucifijo brillaba con insólito fulgor. Diríase que en aquella noche del Domingo de Resurrección florecía en magníficas rosas de luz. Iracundo, ciego, demente, Efraín se abalanzó hacia él y arrojándolo contra el suelo lo hizo pedazos. En la tierra, en el piso frío de la celda, los fragmentos brillaban como diamantes, bañados por la claridad lunar que penetraba por la ventana con el aroma de los rosales. El monje Efraín se sintió anonadado. Su inmenso odio no podía vencer aquel inmenso amor. Aquel inmenso amor hacia todos los hombres —hacia él que era uno de esos hombres— no sufría mengua ni desmayo ante su inmenso odio. Permanecía inalterable y sereno.

IV

Al toque de maitines los compañeros de Efraín penetraron en la celda. El monje yacía rígido y amoratado, con las manos aun crispadas en el cordón de San Francisco que ceñía su garganta, junto al Crucifijo hecho pedazos. Sobre la cabecera del lecho, bajo el sitio que ocupó el Redentor, María Magdalena contemplaba al muerto con sus inmóviles ojos semejantes a dos cisternas, profundas como el amor, inmensas como la piedad.

EL ÓPALO TRISTE

Era un pobre ópalo enfermo del mal de Chopin. Un ópalo tuberculoso. Hermano en angustia de aquella irreal Margarita Gauthier; hermano también de aquella huérfana mendiga que murió de frío en el corazón, sobre las baldosas duras de la Catedral, una noche lunar, decembrina, mientras era Carnaval en el alma de los hombres y Carnaval en el estómago de los perros flacos que saludaban las lejanas torres con la carcajada homérica de sus ladridos.

¿Recuerdas la mendiga, huérfana y blanca, toda blanca de inocencia, toda blanca de luna dicembrina y de tuberculosis galopante? Alba y grácil, la niña infeliz fue a llorar su hambre junto a la lumbre de la Vía Láctea, para no dormir más sobre las baldosas frías e inmisericordes, viendo desfilar las rondas astrales de los fantasmas que van a despertar las dormidas armonías del órgano.

El ópalo triste era hermano menor de aquella huerfanita que murió con el corazón tísico porque nadie meció en la cuna sus caprichos infantiles; porque no hubo madre que la vistiera de ternura y porque Santa Claus, ese viejo farolero que sólo visita a los niños ricos y las alcobas con luces veladas, no le dejó jamás en la media rota una muñeca pobre y fea, tiritando de frío.

El ópalo no estaba triste por Santa Claus, ni por las caritas de porcelana con ojos azules ni por los globos que se rompen al menor contacto, como ilusión que fallece. El ópalo estaba tísico por la nostalgia de un lindo dedo pálido; por aquella mano breve donde tanto tiempo vivió cautivo; por aquellas pupilas de aguamarina y aquella boca que tantas veces le dejó el calor de un beso apasionado y primaveral.

Había vivido derramando su fulgor malva y rojo, con encanto crepuscular, lejano y triste, sobre los cinco pétalos arborescentes de aquella mano incomparablemente grácil, que resucitaba el prestigio extinto bajo el hacha niveladora de los septembristas victimarios de la princesa Lamballe. A ratos el ópalo una disolución de violetas prisioneras en un rayo de sol convertido en maravilloso estuche y en el fondo había un brillo incandescente, fúlgido; ora semejaba un estanque microscópico e inmóvil lleno de extrañas coloraciones desde el oro amarillo hasta el rojo violento de los atardeceres; diríase que la gema vivía; que estaba animada por un espíritu; que palpitaba en ella la conciencia de sus fulgores; y se creyera orgullosa por tal motivo y por sentir la caricia obscura de mil ojos sobre su fría consistencia. Puck, señor y mago de las entrañas vírgenes, le había insuflado algo de su ser taumatúrgico y eterno.

Margot lo llevaba siempre consigo y el ópalo parecía un escarabajo fantástico ebrio sobre un pétalo de lirio, adherido en el anular de la niña. Allí soñaba, allí dormía, allí se extasiaba. Inteligente y ocioso como un sibarita encontró que la suprema ecuación de la vida se resuelve dejándose amar y brindando amor aunque en el fondo de toda pasión enhebre la araña mentira su tela maravillosamente sutil. Por eso el ópalo gustaba desmayarse arropado de caricias y sabía cuán bellos y sabios son los deliquios amorosos porque la niña aristocrática daba constante y celosamente su ternura. Desfallecía bajo la mano leda que pasaba mil veces sobre él colmándolo de mimos; y cuando la palabra fluía como raudal de esencias y cuando los labios le dejaban su beso primicial.

Entonces un fulgor inusitado, violento, un brillo de incendio, de gloria y de astro, estallaba en la gema. Era como el paroxismo de sus ardores. Como una pasión muda y contenida que gritase repentinamente. El ópalo sentíase enfermo de ansias febriles. Poseso de un verdadero delirio hasta, que la caricia se hacía noche, extinguiéndose. Cuando el sueño velaba las pupilas de la dueña fragante, soñaba el ópalo sibarita la inmensa delectación de recorrer todo aquel cuerpo y dejar en los brazos, en los hombros y en la curva perfecta de la cadera su beso frío ¡su pobre beso frío! o esconderse maliciosamente y calentar su desnudez en el tibio rescoldo del agitado seno. Era Primavera en los días de Margot, triunfo de la risa y alegría del corazón. El ópalo seguía brillando como el ojo maligno de Puck, el diablillo alegre y taumaturgo.

Pero una tarde hubo de llegar. Margot vio como temblaban en el fino lienzo, hechas rocío de lágrimas, las dos estrellas radiantes que eran sus pupilas. Una escena violenta y El se había incorporado allá muy lejos por la carrera de palmeras. La primera decepción amorosa rompió el encanto primaveral. El ópalo sintióse más frío. Perdía la magnífica insolencia de sus fulgores. Y, así como la dueña, enfermó de repentina tristeza.

En un mísero rincón polvoriento encontré mucho tiempo después el ópalo noble de Margot. Nada tenía de soberbio ni de audaz. Estaba triste y apagado. Mustio, cobarde y viejo. El pobrecito se moría de tuberculosis, perdiendo todo su brillo como un ser infeliz a quien se le agotaron las ansias de vida. En cenizas el fulgor de sus días triunfales. Lleno de la tristeza inmensa y resignada de los que sólo esperan un fin inevitable que no tardará en llegar. Allí, olvidado y escarnecido fue enfermando, poseso de incurable melancolía; embriagándose en la añoranza de aquella linda mano donde irradió su orgullosa frialdad de sibarita, hasta que el recuerdo se hizo implacable corrosivo que minaba lentamente su dura consistencia. Margot lo tiró al rincón un día funesto, porque los ópalos son mal agüero y a él debía la iniciación de sus dolores y el ruidoso fracaso de sus primeras ilusiones. En su abandono se fue mustiando; extinguiéndose, hasta apagarse en el silencio de todos sus brillos, en el desastre total de sus fulgores.

Esta es la historia del ópalo tísico. Del ópalo que enfermó del mal de los poetas noctámbulos y anarquistas; hermano menor de aquella infeliz mendiga que murió, toda blanca de inocencia, sobre las baldosas inmisericordes, en una noche decembrina, cuando los perros seguían con sus ladridos al viento y a las nubes que se llevaban robada la luna; y bajo la canción estrepitosa de crótalos y timbales, rendida a mi palabra unciosa, brindaste a mis ensueños sitibundos ¡oh mi frívola amiga! la fruta dehiscente de tu juventud.

LA REINA MALVA

Dos vasos de ajenjo bastaron para que Rogelio empezara a soñar, junto a la humilde mesa de la taberna destartalada, recogida en la embriaguez silenciosa de la penumbra, donde florecen todos los pecados, dentro de la fantástica vorágine de la urbe cosmopolita y trepidante.

Fuera, las limusinas se deslizaban con suave murmullo sobre las avenidas asfaltadas, espantando con el grito agudo de sus claxons a los troncos de soberbios caballos que golpeaban furiosamente la tierra, unidos a las lujosas victorias de los insolentes magnates.

Dentro, la luz se moría, tal vez borracha de ajenjo; hechizada por aquel ambiente enfermo con el vaho de pesimismo, la rebeldía, el surmenage intelectual.

¡Bohemia! Bohemia miserable y sin encantos; claudicación diaria del orgullo masculino; rostros macilentos, desvelados y flacos; manos temblorosas; maldita e insaciable sed de licor....y, después, la tuberculosis; la sala mal oliente del hospital; las caídas vergonzantes, una seguida de otra, como guiones cortando un párrafo, hasta que un día nebuloso y frío, el lamento siempre igual del esquilón fúnebre; los amigos vestidos de luto; las ofrendas florales, pocas: era un artista; el obligado panegírico; la tierra que da las gracias con voz muy seca: lluvia de pedruscos en el desnudo ataúd. La tarde lila…el sol lejano... muy allá el oriente, la gloria.... ¡Y la vida que pasa, como una carcajada, sobre el lugar ignorado de esa tumba!

Rogelio había principiado a soñar después que la llama verde del ajenjo se apagó en los vasos para encenderse adentro, en nuestra fantasía. Hacíamos vida verleniana, tal como se puede hacer hoy. Bohemia adulterada, sin el grato sabor añejo con que la canta, en sus poemas dolorosos, Emilio Carrere, donde, a la luz indecisa que reina en las tabernas, desfilan rostros pálidos y vagas siluetas de grandes visionarios. Pero las flores del mal —venenosas, negras, trágicas—, nos exornaban el alma; en nuestros jardines maravillosamente bellos y fatales, junto a las aves de plumaje albo, los cuervos taciturnos graznaban su eterno ¡Never more! y monstruosos hipocentauros abrevaban en las fuentes cristalinas. Las sombras de Hugo, de

Verlaine, de Poe, de Wilde, de Baudelaire, surgían como alucinadas. ¡Inmensos predios de imágenes! ¡Huertos poblados de quimeras y de ensueños! ¡Incognoscibles selvas de la fantasía!

Al nacer Rogelio, los dioses cometieron el pecado de darle inteligencia superior. Se olvidaron de la era del Becerro de Oro y lo engendraron poeta. En el impenetrable misterio de su karma, el infortunio enseñaba su máscara cruel. Otro pecado y mayor aún cometieron los dioses: no le dieron riquezas. Ni heredó un nombre catalogado entre el círculo aristocrático, gracias a una libreta de cheques; ni vastas propiedades, ni rentas. La casualidad no quiso que naciera en las gradas de ningún club, ni en el vestíbulo de cualquier palacio... No fue Don. Sencillamente Rogelio de Villar, un muchacho simpático que hacía versos; versos extraños, de una musicalidad arcana y exquisita; de un sabor casi amargo; llenos de ironía y tristeza, embebidos de crepúsculo, de noche y de azur; versos donde temblaba el espíritu diabólico del ajenjo.

Tampoco tuvo mi amigo poeta la ocurrencia muy común de dedicar alejandrinos a las lindas poupées ni a las damas casaderas de la metrópoli. Acertaron los dioses engendrándolo orgulloso y él desdeñó siempre las gloriolas que tanto apetecen los vates cortesanos y ramplones. Su talento no fue a besar la planta de ninguna mujer y las magníficas elucubraciones de su cerebro no sirvieron de incienso ante frívolos altares. La hembra logró las palpitaciones de su corazón ¡al fin corazón! pero no el oro bruñido de su ingenio.

Soñaba en la penumbra de aquel cuarto de taberna pobre. Las llamas locas del ajenjo bailaban dentro de su fantasía una danza oriental. Fuera, las limusinas agredían el suelo húmedo de sereno con sus llantas silenciosas. La ciudad se embrujaba en la niebla de la medianoche. Allá las plazas y los teatros iluminados profusamente... más lejos, las barriadas miserables; arriba, millones de estrellas como pupilas temblorosas abiertas sobre un enigma; y en el oriente vago, amaneciendo, muy pálido aún el sol de la gloria que nosotros llevamos rutilante y magnífico en el zenit de la bohemia inquietud de cantar...

"Anoche, quizá muy bebido, quizá en ese estado que tanto amaron Verlaine y Poe, tal vez como una amenaza de delirium tremens, tuve un sueño absurdo, un sueño que es todo un poema de Wilde... ¡y qué canalla, qué mísera veía mi vida junto a mi sueño!

Una mujer... aquella mujer tenía las ojeras malva... ¿has visto tú sobre un milagroso jarrón de laca dos orquídeas raras, perversas, diabólicas, cual dos llamas de ajenjo? Así era la mujer del sueño: un milagroso jarrón de laca, todo rosa, todo blanco y dos orquídeas incomparables —las ojeras malva.

Dos copas perfectas los senos intactos —marfil en los hombros y en los brazos— manos liliales, manos ebúrneas, pétalos amados en mis delirios.

Era una reina antigua. Una reina bellísima y perversa, de esas que se esfuman en las leyendas áureas donde hay demencia de mármoles y pórfidos. No sé de qué país podía haber sido. Quizá del Egipto cabalístico e ignoto donde los ibis hieráticos y pensativos interrogan el arcano de los siglos sobre las riberas fecundas del Nilo taumatúrgico.

Una reina de Babilonia, de Nínive o de Cartago, la deslumbrante ciudad de Amílcar Barca y de Salambó. Vi a la mujer blanca, rosa y malva, rodeada de una decoración prodigiosa. Bajo una montaña de mármol, donde se hacían polvo los rayos del más hermoso sol que ha brillado en mi vida.

Pórticos, laberinto de columnas, escalinatas, gigantescos esclavos de diferentes razas; negros como lustroso ébano, traídos de la región líbica, partos, griegos, persas, etíopes, ágiles y feroces númidas, bereberes y marroquíes —en fin— un singular mosaico de especímenes de todos los climas y países.

Y esclavas de Circasia, semejantes a grandes lotos que se moviesen graciosa y rítmicamente; mujeres de Georgia, adolescentes, perfectas como ánforas; lúbricas y sensuales bayaderas, oulai-neils, maestras de la voluptuosidad; tañedoras de cítaras y laúdes; arpistas y escanciadoras de raros perfumes.

Había también elefantes pesados y monumentales como académicos; soberbios tigres de Bengala; leones del desierto líbico; jaguares, panteras y leopardos; una bellísima colección de ánades azules deslizándose en el agua muerta de los estanques; cisnes blancos y negros y los ibis sagrados del Egipto.

Por la quieta superficie de un río extraño donde se reflejaban los mármoles de las terrazas, bogaban lentamente muchas barcas semejantes a aquella en que Cleopatra llegó al encuentro del triunviro romano; y en densas espirales de humo iba hacia el cielo el alma sutil de exóticos aromas.

"Anoche, quizá muy bebido, quizá en ese estado que tanto amaron Verlaine y Poe, tal vez como una amenaza de delirium tremens, tuve un sueño absurdo, un sueño que es todo un poema de Wilde... ¡y qué canalla, qué mísera veía mi vida junto a mi sueño!

Una mujer... aquella mujer tenía las ojeras malva... ¿has visto tú sobre un milagroso jarrón de laca dos orquídeas raras, perversas, diabólicas, cual dos llamas de ajenjo? Así era la mujer del sueño: un milagroso jarrón de laca, todo rosa, todo blanco y dos orquídeas incomparables —las ojeras malva.

Dos copas perfectas los senos intactos —marfil en los hombros y en los brazos— manos liliales, manos ebúrneas, pétalos amados en mis delirios.

Era una reina antigua. Una reina bellísima y perversa, de esas que se esfuman en las leyendas.

Aquella reina de las ojeras malva estaba en medio de todo esto. Y Ella sola valía más que las riquezas allí amontonadas. Yo hubiera desdeñado los palacios de mármol, con pórticos deslumbrantes y columnas rosadas; los estanques llenos de ánades azules; los elefantes cargados de oro; los zafiros, las esmeraldas, las amatistas, los diamantes de brillo sin igual; las esclavas circasianas tan blancas como lotos errabundos; las oulai-neils que saben dar la muerte con sus contorsiones voluptuosas; las núbiles adolescentes — y las barcas repletas de púrpuras, de gemas y de blondas.

Todo lo hubiese desdeñado por Ella. Por quedarme a la sombra de las ojeras malva, besando el marfil de sus brazos y sus hombros; los dos prodigios alabastrinos de sus manos y su cabellera semejante a oro de sol.

Quizá esa reina fuese Belkiss... ¿recuerdas los divinos interlunios? ¡Así era la mujer malva de mi sueño! ¡Oh, ajenjo, a quien debo esta noche maravillosa! —y, cuando la embriaguez se hubo disipado; cuando las luces estúpidas de la razón brillaron en mi cerebro después de haber vivido los minutos más gloriosos de mi existencia— ¡me sentí desolado!

Ya puede pasar, mintiendo, la ronda prosaica de los días... yo he muerto... quedé enterrado con la reina de mi ensueño... cabe los estanques donde los ánades poetizan el sortilegio de las ondas musicales".

Medianoche. El relente pasaba vibrando junto a las torres fantasmales y el esquilón decía su ritornelo angustioso cada vez que la aguja marcaba el vuelo de las horas.

Bajo los árboles taciturnos de la avenida, empeñados en un diálogo formal con las constelaciones, caminábamos Rogelio y yo.

La Cabellera de Berenice cobijaba piadosamente nuestra desilusión.

Allá lejos, las plazas y los teatros con sus luces feéricas; más lejos, las barriadas miserables; arriba, las pupilas desorbitadas del infinito contemplando la fuga de los siglos; muy allá, el oriente y en él, pálido, cobarde, amaneciendo, el sol de la gloria.

Encendidas en nuestra fantasía las dos llamas diabólicas del ajenjo. Soñábamos.

Ruge una limusina. La carcajada repentina de la sirena se queda vibrando en la noche fría...

Es la respuesta de la vida a nuestro ensueño. Los fantasmas se han desvanecido. Amanece. Las fábricas insultan el azul con sus roncos alaridos. Pasa un tropel de obreros.

¡Es el Becerro de Oro que inicia su reinado!

EL CARNAVAL DE LOS LOCOS

Cuando penetramos en la sombría mansión donde Nuestra Señora la Demencia aposenta su hermoso sitial, una emoción profunda nos sobrecogió a mi amigo el Dr. Castro y a mí.

Aquellas altas y escuetas paredes llenas de inscripciones tremendamente obscenas, aquellas bóvedas sepulcrales donde apenas se colaban débiles rayos del sol matinal, el aspecto taciturno y violento de los guardianes y los gritos estridentes que a veces se quebraban en el espesor de las murallas, nos infundieron un pequeño miedo. Nos sentíamos con el ánimo encogido, malhumorados y con cierta repugnancia de las caras y cosas que nos rodeaban.

Pero, cuando nos fuimos acostumbrando, después de muchos minutos, a la decoración y al espíritu del lugar, tuvimos horas interesantes cuyo recuerdo perdurará largamente.

Creo que he dicho espíritu. ¿Cómo podrá haberlo en una casa de orates? Sin embargo, existe el inmenso, secular y tremendo espíritu de la Locura.

Ese espíritu es verdad, luz y misterio; en él palpitan el cosmos y el arcano de las generaciones; fulgen los destellos que están más allá de las órbitas humanas, de la razón, de la lógica, de los análisis y de los laboratorios.

Enormemente grotesco como el mundo, cuajado de luces enigmáticas como la bóveda celeste, paradójico como la vida y como la muerte, así es el gran espíritu de la Locura.

Nosotros sentimos, al penetrar en la sombría casa, que él nos acariciaba con sus bellas alas tenebrosas, y, por un momento, nos acometió el vértigo de arroparnos en ellas.

En sus celdas estrechas, entre penumbras que sólo nos permitían distinguir muy vagamente sus rostros moldeados por el escultor divino en barro verdadero; sus rostros donde los gestos desnudos quedaban estereotipados, ajenos completamente al fingimiento y la mentira, aquellos locos resultaban encantadores.

Sus voces eran de un timbre viril y sibilino; voces en que cantaba la verdad; voces donde surgía la verdad limpia, pura, doncella que ha tomado un baño lustral en las aguas de una fuente milagrosa. Yo me imaginaba grotescos, sucios, repugnantes, horribles, todos aquellos locos y ¡oh sorpresa! los veía claros, transparentes, como si en ellos la sinceridad fuese una aureola, como si en ellos gritasen todas las fuerzas vivas de la naturaleza, que es afirmación y victoria.

Aquellos dementes parecían niños distraídos en un juego trascendental. Se diría que eran adolescentes que hubiesen agotado fórmulas literarias, filosóficas y políticas, sin perder jamás su ingenuidad y su sonrisa.

Estos locos radiantes y tranquilos son hermanos menores, oscuros y anónimos, de otros locos grandes, muy grandes, cuya historia ha aprendido de memoria la humanidad para denigrarlos con lenguaje sucio y violento o para echarse de hinojos a sus plantas, grotescamente, estúpidamente, con algo de instinto animal.

Hubo en otros tiempos, y se gestan en los actuales, enormes dementes que no pueden ser comprendidos por esta humanidad simple y unilateral, precisamente porque ellos, como todo lo inmenso, son absurdos, paradójicos, multilaterales, con un brillo nuevo y raro en cada faceta, como el diamante más preciado.

Uno de estos locos célebres se llamó Buda y era un príncipe sabio y poderoso, señor de inmensas riquezas, inmensas extensiones e inmensas muchedumbres. Pero toda su sabiduría y todo su poder no le valieron contra la locura que un buen día le sorprendió y, de gran señor, el monarca fastuoso y magnánimo, se convirtió en un mendigo que iba predicando sabe Dios qué teorías impracticables a los hombres que se enriquecieron rápidamente con los dineros que fueron suyos.

En aquellos dichosos tiempos aún no se habían edificado asilos de orates, de manera que Buda no acabó tranquilamente sus días en uno de ellos, pero pasó a la historia como un fundador de religión... ¡una religión basada en el desinterés y el amor! ¿Habrá caso más sorprendente de extravío mental?

Otro caso famosísimo de locura ocurrió hará cosa de veinte siglos, en una comarca que llaman Palestina, desarrollándose ora en las orillas del bello lago azul de Genezareth donde posó sus ojos tranquilos Krissys, la dorada cortesana de "Afrodita"; en una Montaña de las Bienaventuranzas y un monte Tabor; en un Huerto de los Olivos y en las calles estrechas de Jerusalén.

El protagonista de este otro caso esporádico de locura se llamó Jesucristo y era hijo del carpintero José y de María, mujer de belleza inmaculada. No acabó sus días en una cárcel sombría, sino entre dos ladrones clavado en el madero infamante.

Y pasó también a la historia como fundador de una religión... ¡una religión basada en el amor al prójimo, la caridad, el perdón! Este loco sublime estableció escuela, pero los alumnos no pueden estar cerca del Maestro.

En aquellos lejanos tiempos, seguramente como medida sanitaria, existía la costumbre de crucificar a los dementes igual que a los ladrones y a los asesinos. Hoy no se comete semejante atrocidad y, debido a tan humana reforma, pudimos mi amigo el Dr. Castro y yo, oír los raros discursos de los alienados de la sombría mansión.

El loco de la celda N° 1 tiene la mañana en el rostro y en el corazón. En su vida siempre estará amaneciendo, pues él ha perdido la vulgar noción del tiempo y de las edades.

Canta, silba, grita, sus gritos son prístinos, espolvoreados de alegría y de vigor natural, como si fuesen gritos de los abedules, los robles y los pinos macizos de la selva; como si fuesen gritos de los torrentes magníficos de la selva.

Es que en su voz grita la juventud. Y, como la mañana es azul y azul es la mañana en su corazón, lanza esos sonidos tan prístinos.

Este loco tuvo una novia, pero como la novia era sensata y no podía comprender el lenguaje de su demencia, él la estranguló con un cordón florido.

Más tarde encontró la en su celda. Parecía venir desde muy lejos. Era astral y ya pudo comprender el arcano lenguaje de su amigo; ya pudo leer en el alma de éste y no hacer caso del esqueleto mísero de las palabras.

Fue entonces cuando aquel demente lanzó al cielo sereno el himno de su victoria.

Y era ese himno el que recogían nuestros oídos.

El viejo alienado de la celda N° 5 es un poeta y ha dado en no querer alimentarse más que de estrellas, flores y nubes —luz, ambrosía y pureza— como aquel cisne, también demente, que sólo se alimentaba con los reflejos de los luceros en las aguas quietas de la laguna.

El poeta de la cárcel de orates rehúsa tomar sus comidas desde hace mucho tiempo y cada día va siendo menor su potencia vital. Pero él se sabe luminoso, se sabe lleno de extraños fulgores, ebrio de lumbre zodiacal y por eso vive feliz alimentándose de estrellas, flores y nubes.

Imagino los grandes festines de este raro poeta en las noches tibias, serenas, cuando miríadas de estrellas tiemblan sobre sus pupilas asombradas. El viejo se pasa las noches contemplando el cielo espolvoreado de plata desde la pequeña ventana de la celda N° 5.

Siempre es el mismo espectáculo lleno de incomprensible grandeza: la Osa Mayor, la Osa Menor, Arturo, Berenice, Alfa, Omega; los diamantes más rutilantes, las perlas más finas para engarzar en la diadema de una soñadora emperatriz oriental y la generosa Vía Láctea, el sendero diáfano, todas se brindan para que el loco mate su hambre sideral.

En la mañana clara, el buen anciano sale a buscar rosas, margaritas del prado, lirios y jazmines blancos, blancos con la imposible albura de su pobre corazón demente.

Sus ojos errabundos se prenden, llenos de incurable melancolía, en la gasa impalpable de las nubes fugaces, volubles, lejanas, tan ajenas a la humana pequeñez y a la miseria humana.

Y yo imagino el espíritu cautivo del buen viejo alienado, cual un pájaro ebrio de azul que en una alborada se lanzase, semejante a una flecha vertiginosa, hacia el sol.

Todos los recluidos ofrecen un aspecto tranquilo y reposado; parecen encontrarse muy felices y satisfechos de vivir. ¡Qué falta les hace el mundo del cual se les ha aislado!

Dejadles, dejadles quietos en el universo de ilusión que ellos se han creado y que es extrañamente bello.

Una tarde volví con mi amigo el Dr. Castro a la sombría mansión de los orates. Pensábamos encontrarlos tan pacíficos, tan quietos, tan sugestivos, como la mañana en que por vez primera fuimos a visitarlos. Mas... ¡oh sorpresa! los locos celebraban su carnaval y todos se disfrazaban de cuerdos.

Los pobres asilados también celebran esa fiesta en que, bajo la máscara bufa, asoma el rostro de la verdad. Y todos representaban los papeles que desempeñarían en una sociedad de gente razonable.

Aquellos pacíficos y hasta encantadores dementes que tan buen rato nos dieron en otra ocasión, eran, durante el carnaval, verdaderamente insoportables.

Agitándose en tremenda confusión ofrecían un espectáculo raro, aterrador, que causaba estremecimientos de miedo y angustia. Sabiendo que estaban asegurados en medio de las altas y gruesas paredes, los celosos guardianes los dejaban hacer libremente, gozando ellos mismos en el cuadro, a la vez hilarante y doloroso, que presentaba la centena de alienados.

Sobrecogido el ánimo, nosotros contemplábamos el carnaval de los locos, amargándonos el corazón ante el irónico espejo de la humanidad.

La fiesta que celebraban los dementes, por el furor desenfrenado de su alegría, por el tremendo ruido con que estallaban sus voces, gritos y carcajadas, por la abigarrada mezcla de rostros, cuerpos y trajes, por el inmenso rumor que llenaba los ámbitos del manicomio y se iba en el viento a quebrarse sobre la ciudad, parecía una espantable noche de Valpurgis; era un acontecimiento semejante a las celebraciones del Baco heleno y a las saturnales de los romanos; emulaba la fiesta de los Inocentes en las ruidosas villas medievales, las del Asno y del Zorro y las célebres Carnestolendas.

Veíamos revivir con una pujanza desorbitante el alma libre del paganismo. La risa enorme, la risa desconcertante que vibró en las edades lejanas... el espíritu de los viejos tiempos... ¡Oh Aristófanes y Rabelais! hacía sonoras las murallas de la cárcel secular. Era una alucinante exposición de aguas fuertes y de siniestros crayones la zarabanda de locos.

Por la actitud, el gesto y el traje podíamos cerciorarnos qué papel desempeñaba cada alienado.

Se veían especímenes de todas las jerarquías políticas y sociales; de todas las edades, profesiones y oficios; presidentes, magistrados, altos dignatarios de la milicia, el clero y el gobierno; congresales y académicos; coquetas y Don Juanes.

Cada quien desempeñaba su papel con extraña y cómica seriedad.

Microscópicamente veíamos nosotros desfilar el enorme rebaño humano; sus luchas, sus castas, sus Himalayas de leyes, sus tremendos absurdos, sus pequeños dolores y sus grandes miserias.

En aquel recinto, la arcana Verdad se abría como una boca monstruosa y surgían de ella chorros de pequeñas verdades.

Los dementes nos presentaban el espectáculo que daríamos todos los cuerdos si repentinamente se esfumara nuestro YO externo y urbano y apareciese a plena luz nuestro YO subepidérmico, oculto, irrevelado, que sólo nosotros mismos llegamos a sospechar por vagos indicios que alumbran instantáneamente nuestra penumbra espiritual.

Durante un momento se produjo gran ruido en el centro del amplio patio y un murmullo confuso de voces y disputas. Luego, ante nuestros ojos se alzó un grueso madero. Cogidos de las manos, los locos formaban grandes círculos y al compás de exclamaciones y palmadas daban furiosos saltos. Aquello semejaba una danza macabra. No distinguíamos bien, pero nos parecía que algo había sido clavado en el madero. Pronto comprendimos. ¡La locura había sido crucificada! Luego fue quemada en efigie, destrozada y suspendida de la horca. ¡La locura ha muerto! ¡Hemos crucificado la locura! ¡Ahora todos somos cuerdos! aullaban miserablemente y entonces, la exaltación, el furor dionisíaco llegaron al colmo. Fue un tremendo paroxismo de alegría el de los dementes después de consumado el sacrificio. ¡Ha muerto la locura... todos somos cuerdos! Y el espectáculo que ofrecían aquellos alienados que habían recobrado la razón era pavoroso.

Nuestro joven amigo de la celda N° 1 se había dado cuenta por fin de la noción del tiempo y viéndose los cabellos canos y apergaminado el rostro, vociferaba cual un presidiario ante la convicción espantosa de su muerte en vida. Oímos que gritaba con acento capaz de infundir miedo a los corazones más fríos: "Morir no es acabarse... morir es verse un día como me veo yo. ¿Qué se hizo mi fuerza, mi juventud y mi gracia?". El pobrecito amigo se quiso disfrazar de viejo y la broma le resultó tremendamente cara, porque en el carnavalesco traje, como sucede con frecuencia en el mundo de los cuerdos, encontró su verdadera personalidad que la sombra generosa de la locura había ocultado hasta ese día fatal. El viejo poeta aullaba como un condenado, lanzando salivazos al sol y al tranquilo azul que contemplaba el aquelarre, no diferenciándolo de los que periódicamente se registran sobre el universo; grupos de mujeres desgreñadas danzaban en torno a una pira con rabioso erotismo; un alienado joven perseguía a una niña y cuando logró darle alcance, asióla de los cabellos y barrió el suelo con el cuerpo de la infeliz, mientras celebraba su hazaña con estridentes carcajadas. Otros locos, fuertes y buenos mozos, aporreaban sin piedad con el puño cerrado la joroba de un pequeño monstruo; una docena de mujeres iba rezando en voz alta y haciendo genuflexiones, hasta besar la tierra, para echarse junto a un fetiche de piedra oculto en un rincón; el obispo de los locos, ostentando la mitra y el báculo, alargaba obstinadamente la mano izquierda bendiciendo su tumultuosa grey; y algunos dementes, portando insignias de autoridades civiles o militares, azotaban con gran regocijo las espaldas de la muchedumbre. El ruido y la algazara fueron en crescendo hasta hacerse insoportables. Los aullidos de los locos daban la idea de que en el recinto había sido encerrado un centenar de fieras salvajes y rugientes. Se mezclaba el pavoroso acento del lobo y el chacal con el chillido agudo de los monos en la negra espesura. La fiesta degeneraba en mascarada. Pronto los dementes se arrojaron unos sobre otros tratando de estrangularse. Se atropellaban, se mesaban los cabellos, poseídos de extraña rabia y el que caía era pisoteado. Parecían una legión de seres infernales. Empezó a correr la sangre y los guardias tuvieron que intervenir para restablecer el orden.

Herméticos, mudos y cabizbajos, los locos que fueron cuerdos una tarde, volvieron a sus celdas con el alma triste y envenenada.

La noche arropó su inmensa desilusión con piedad de madre adolorida.

LA ZÍNGARA

La juventud viciosa y elegante se daba cita, noche a noche, en el antro del señor Connor donde resonaban hasta el amanecer los múltiples ruidos del jazz-band, con estridencia de tambores, címbalos y cláxones o gemían los violines histéricos de los tziganes, alternativamente, mientras la atmósfera se saturaba de violento perfume femenino mezclado a un raro aroma de salvajes orquídeas que abrían sus corolas bajo la iridiscencia de las arañas multicolores.

La gente seria o algún croniqeur que sentaba plaza de moralista desde las columnas de cualquier diario capitalino, habían calificado de antro de perversión el lujoso cabaret de Mr. Connor, rendez-vous de la sociedad más elegante y derrochadora de la metrópoli, que, carcomida de sibaritismo, acudía en busca de las nuevas sensaciones de placer que podían encontrarse, una vez salvada la puerta principal, en los salones del Gato Flaco. Mr. Connor era el más amanerado y culto maître de la capital, un sabio en cuestiones culinarias y alcohólicas.

Los habituales de su cabaret afirmaban que aquel originalísimo nombre que fulguraba, ora rojo u ora azul en la fachada del edificio, lo había escogido el dueño por su semejanza física con un gato flaco.

En efecto, Mr. Connor era alto, seco, ágil. La palidez invariable de su rostro denotaba al hombre trasnochador y disoluto; sus ojos eran azules y estriados, magníficos conocedores de los bajos fondos del alma humana y de las escorias sociales; avezados a descifrar el misterio divino y fatal que duerme en la disuelta pedrería de los licores paradisíacos.

Pero Mr. Connor no había pensado en aquella semejanza que le atribuían sus clientes con el felino, para bautizar así su cabaret. Encontró el nombre al azar, sin rebuscamiento y lo creía una verdadera originalidad.

A ratos, mientras veía, como en caleidoscopio mágico, pasar ante sus ojos escenas de vicio, de dolor y de pecado, recordaba haber leído ya en alguna parte aquel nombre célebre en toda la metrópoli...

¡El Gato Flaco!... ¡El Gato Flaco!... ¿dónde había encontrado esas palabras? El jazz band atronaba con su estridencia de sonidos y gritos;

se escuchaba el tintineo de las copas; risas, voces confusas, estallido de corchos... ¡Ah, ya recordaba! Ambulando por los escaparates, una vez leyó en el dorso de un pequeño volumen en rústica: France... El Gato Flaco. Por un capricho británico había bautizado así, cómicamente, el gran centro de placer que inauguró a los pocos días en una de las más congestionadas arterias de la urbe, y una noche, con sorpresa y admiración del público elegante, en la avenida láctea apareció un soberbio felino, ora azul u ora rojo, excepto los ojos que eran dos chispas verdes, fatídicamente fijas e inverosímiles.

El Gato Flaco fue el lugar de cita de la sociedad más chic, más fashionable, más refinada de la capital. Ofrecía Mr. Connor su amplio hall en que podían entregarse cómodamente a las delicias del baile más de cien parejas; su cantina repleta de exquisitos licores; un escandaloso derroche de luces que semejaban fantástica decoración de un aduar oriental; sus reservados, discretos y coquetones; sus nepentes que producían ensueños color de rosa mientras transcurrían lentas y graves las horas de la alta noche y las estrellas se iban extinguiendo en el cielo.

Algo había en el Gato Flaco que poseía el sortilegio encantador de los paraísos del mal; la inusitada violencia de los perfumes exóticos que invadían el ambiente y la tentación diabólica del ajenjo y la cocaína. Era Magda La Zíngara, mujer serpiente, mujer imán, mujer abismo; un gran signo de interrogación, trágico y rojo, en la vida de los habituales elegantes del cabaret de Mr. Connor.

Magda era un poema de carne morena, alta, flébil, ágil y diabólica. En sus pupilas dormían los más codiciados nirvanas y su mirada embriagaba como el champán, daba la somnolencia de la cocaína, producía un envenenamiento en la voluntad y en la sangre semejante al de una flor rara y misteriosa. Ante los ojos trasnochadores del que llegaba al Gato Flaco aparecía de súbito La Zíngara y se grababa en su imaginación de un modo cruel, obsesionante, con sus perfiles imborrables de odalisca, de mujer enigmática, invencible, fatal.

Y el gran signo rojo se dibujaba en el porvenir.

II

Magda era una cruel dominadora de la vida. Sus triunfos constantes la habían hecho cínica y dura cuando la garra de la fatalidad hería a uno de sus mil admiradores. El destino, perro servil, se mostraba bien sumiso con ella. Pasaba sus noches en el Gato Flaco envenenando voluntades y extrayendo del placer las más raras sensaciones. Subyugaba la ruleta con sus pupilas negras agrandadas por inverosímiles ojeras y su mano fina y diminuta iba amontonando *greenbacks*, mientras los *croupiers*, nerviosos ante los golpes sorprendentes de aquella mujer, cantaban las cifras inagotables. En las mesas se brindaba por ella. Desde los magistrados de venerable fachada hasta los fifíes prematuramente enfermos, le rendían homenaje. Cabezas blancas, cabezas negras y brillantes se inclinaban a su paso y mientras sus ojos diabólicos dibujaban parábolas luminosas y extrañas en el espacio, rimando con el *rouge* violento de sus labios en forma de corazón, en su oído deslizaba su frase caldeada de deseos un vicioso casi adolescente o refulgía, ofreciéndose, una gran piedra roja, azul, láctea... rubí, zafiro, ópalo, diamante, en la mano experimentada del potentado judío.

La Zíngara lo aceptaba todo, pero jamás se entregaba. Un excéntrico inglés y un joven argentino habían teñido con su sangre la rica alfombra de un discreto reservado después de inútil porfía por lograr aquel cuerpo que debía vibrar maravillosamente en las horas de placer. Un marajá, multimillonario y disoluto, le suplicaba noche a noche, con febril insistencia, hablándole de su país, de sus selvas enormes y misteriosas, de sus tesoros fabulosos, de sus regios alcázares.

Magda había visto con perversa sonrisa los coágulos negruzcos que formó la sangre de sus víctimas envenenadas por el morbo fatal de su tentadora belleza y mientras el champán le humedecía los labios, clavaba sus dos pupilas sarcásticas en los ojos ardientes del nabab que brillaban como la punta de un puñal malayo.

Magda poseía el secreto formidable de las mujeres que desencadenan tempestades de deseos en el alma de los hombres y jamás los satisfacen. Envenenaba y destruía voluntades con volubles caprichos. Provocaba, incitaba, atraía con su sonrisa, con el cuerpo que convulsionaba de mil maneras obediente al ritmo loco que le imponían con su epilepsia los ukeleles, los banjos y el alarido gemebundo del saxofón, o marcando las cadencias lánguidas que arrancaba a los violines un sexteto de músicos bohemios. Tentaba diabólicamente y cuando caían los hombres, víctimas de su hechizo poderoso, se divertía con cruel sabiduría en negarse siempre, clavando más y más el puñal en la herida, sofocando los apetitos voraces e infiltrando su divino veneno en el cerebro y en las venas de los torturados, hasta podrirles la sangre.

Magda La Zíngara no conocía el amor. No había sabido de sus ansias, de sus desvelos, de sus fiebres. Era una amazona del destino. Lo retaba con su risa vibradora como un grito de cristal. Lo tentaba a herirla en la ruleta, en su belleza, en sus caprichos. La mano oculta no tocaba su cabellera negra como un ala del misterio. La vida y la suerte se le mostraban esclavas sumisas. Todo lo tenía. Le bastaba expresar su deseo para satisfacerlo. Había aprisionado, palpitantes, los tentáculos enormes de su karma.

III

Noche de gran fiesta en el Gato Flaco. En la avenida láctea, el soberbio felino arqueado, ora rojo, ora azul, con sus verdes pupilas llameantes e inverosímiles, era una imperativa llamada al placer. Una tromba de automóviles corría hacia el cabaret de Mr. Connor. El vestíbulo, el hermoso hall, la terraza, los salones, los pasillos, se veían ocupados por una muchedumbre heterogénea y bulliciosa. Cuellos níveos de mujer, pecheras albas, regio porte de damas encopetadas, muñequitas de boudoir, incitantes, provocativas, con el pelo a la bob y un violento rouge en los labios; genuflexiones donjuanescas; bellos brummeles; potentados judíos, frívolos galanes en bancarrota. La élite social más perfumada del mundo metropolitano se apretaba desordenadamente bajo las luces multicolores mientras el jazzband rugía, gritaba desesperado en ragtime y las orquídeas se desmayaban en la terraza acariciadas por el claro lunar.

Una exclamación unánime hizo vibrar el cristal de puertas y ventanas....¡La Zíngara! ..¡La Zíngara! En la terraza amplia, iluminada por los rayos de una luna amarilla, acuchillada por el frío del amanecer, Magda danzaba ante los ojos de mil espectadores, envuelta en un traje fantástico.

Gemía en los violines una música extraña, misteriosa, oriental. El cuerpo magnífico de la danzarina erguíase soberbio y vibrante o era presa de violentas sacudidas. Sabia, muy sabiamente, Magda ejecutaba la danza Era la gran Sacerdotisa de Siva; la bayadera sagrada, la Hija del Tetrarca, dominadora y cruel. Todo el Oriente revivía en su torso elegante, en sus piernas, en los pies alados, en el cuello arqueado, en los ojos oscuros, enigmáticos, en las manos elocuentes que cumplían con el rito misterioso.

Un estremecimiento de sorpresa conmovió al público. ¡No! ¡No! ¡No!... hace frío…Os hará mal. ¡No lo hagas Zíngara! De improviso, Magda había arrojado los velos fantásticos y aparecía desnuda, escultural, hierática, acariciada por el fulgor amarillento de la luna.

Las luces del alba empezaban a iluminar las cúpulas de los templos. Soplaba suavemente un viento heladísimo. La danza se extinguía con melancólica cadencia. En el cordaje tenso de los violines parecía quejarse un alma agonizante, El alto y esbelto cuerpo languidecía.... sus miembros se volvían menos elásticos.... desaparecieron los movimientos bruscos y cuando la última nota expiró, la Bayadera se dejó caer desmayada en la rica alfombra de Damasco.

Era casi de día. El gran público sibarita se retiraba. Las limusinas iniciaban sigilosamente su marcha sobre el asfalto de la avenida. Hacía un frío intensísimo y los habitués del Gato Flaco lo abandonaban con un presentimiento agudo, como un sarcástico signo de muerte.

IV

Una lámpara alumbraba apenas el triste cuadro. En el lecho, una mujer descarnada, entre hipos de agonía, con voz enronquecida, dura y seca y un anhelar fatigoso en el pecho recibía los sacramentos. Una tuberculosis fulminante la arrastraba hacia la fosa. En el rostro flaco, en los pómulos salientes, en los labios descoloridos, no había ningún rastro de juventud. Sólo los ojos brillaban sombríos, con arcano fulgor.

—Eres absuelta de tus pecados… ¿Cómo te llamas, hija mía? ....

La voz, que era un gemido de dolor, respondió: —Magda....la Zíngara...

Y las pupilas llenas de fiebre quedaron fijas, inverosímiles, hasta apagarse en el misterio.

LA DÁDIVA

El buen Santa Claus que, a semejanza del fervor religioso y de la justicia humana, sólo es bueno con los niños que duermen en cunas abrigadas, sonriendo a los enjambres de querubines que flotan en la atmósfera violeta, se encontraba pensativo y cabizbajo en la brillante y tibia noche de Navidad.

Hacía más de mil novecientos veintisiete años que Santa Claus se encaminaba envuelto en su capa roja, acariciándose las hebras abundantes de su barba patriarcal, dando grandes zancadas con sus altas botas discretas, por el camino placentero que conduce a las residencias suntuosas donde se apagaban sus pisadas diligentes en los tapices. Año tras año, el buen viejo zalamero pasaba rozando los cortinajes y las blondas, hasta llegar junto a la chimenea ufana de su loca reverberación. El precioso gato de Angora, convertido en ovillo de nervios, roncaba suavemente, gozando de la voluptuosa tibieza de aquella estancia y evocando con perversa malicia la imagen de los gatos flacos, los gatos vagabundos que calientan sus pobres miembros entumecidos en la lumbre de las estrellas. Allí, cerca de los maderos que crepitaban alegremente, había un par de zapatitos primorosos que definían con exactitud la personalidad de sus dueños: algunos eran azules, con el suave color azul de los cielos lánguidos; otros eran rosados, verdes, lilas. Los había intactos y los había también con la punta deslustrada y el tacón hecho a un lado.

La niña modosita y la niña pizpireta; la que se ruboriza y llora cuando algún extraño pretende acariciarla y la que enseña la lengua y dice malas palabras; el bebé que junta las manos para rezar antes de dormirse y se queda calladito metido en su blanco camisón y el que se cae de través en el lecho, con las ropas en desorden, soñando que posee escuadrones de soldados de plomo y trompos con música, ambos estaban allí en aquellos pares de zapatitos. Santa Claus los contemplaba con larga ternura, como si ante él tuviese presente el milagro del amanecer en las cándidas pupilas infantiles y la gloria de las trenzas rubias.

Los contemplaba y los acariciaba con esa solicitud melosa de los cortesanos al besar el pie que anda sobre alfombras.

Y, cuando el soberbio gato se desperezaba voluptuosamente con su gracia femenina, Santa Claus dejaba caer su mano dadivosa en el fino terciopelo del arqueado cuerpo. En la pieza inmediata dormían los niños. Y mientras el hijo de María nacía en el desamparo del pesebre, el bello licor policromaba los cristales y estaban llenos de rosas blancas los jarrones chinescos y de ricos juguetes el perfumado árbol.

Por vez primera, en su larga existencia de mensajero de la felicidad infantil, Santa Claus encontraba se perplejo. A un lado, la muñeca de ojos color de cielo que dice papá y mamá; la muñeca de ojos color de noche, que no habla pero sí camina; los payasos, los tambores, los pitos, las cornetas, los sables, los soldados de plomo, las cajas de chocolates, los trenes, las gorras y las pelotas, en grandísima confusión, esperaban la hora en que el buen viejo zalamero, llevándolos en su maravillosa alforja, fuese a depositarlos en las medias y en los zapatos. Pero el magnífico anciano no se movía. Inmóvil y pensativo, su figura se recortaba como una obsesionante interrogación bajo el cielo de Capricornio. Ya brillaba sobre el pesebre, luminoso por la gracia del recién nacido, la prodigiosa flor sideral. Ya iban hacia la gruta los rústicos pastores, entonando villancicos, a ofrendar el albo vellón.

Ya Melchor, Baltasar y Gaspar, los Reyes Magos que vienen desde ignotas regiones portando el oro, el incienso y la mirra, han atravesado el Tigris y el Éufrates y cabalgaban sobre el desierto taciturno. Ya nació el Salvador. Los coros de ángeles cantan epifanías; los bronces de los santuarios repican ufanos. Los niños duermen y sueñan con los juguetes que verán en la alborada. Pero Santa Claus no se mueve.

Por vez primera en su larga existencia de mensajero de la felicidad infantil, Santa Claus se ha detenido a meditar. Tristes recuerdos han colmado de zozobras su corazón. Imágenes del dolor y de la miseria; madres prostituidas lejos de sus hijos, niños abandonados en la suciedad de los harapos; niños... niños que tiritan bajo los árboles de los parques; niños que duermen al cielo raso, en el tremendo desamparo de la orfandad.

Niños que no tienen una pelota ni una muñeca; que no poseen un escuadrón de soldados de plomo ni un trompo con música. Han pasado años, años, más años. Santa Claus jamás fue a las buhardillas ni a los sótanos. Santa Claus no visitó jamás las barriadas miserables, ni los hospicios ni las cárceles. Santa Claus debía haber hecho a un lado los bellos juguetes para llevarlos a los niños ricos. Pero también debía haber llenado su maravillosa alforja de pan y de leche para darlos a los niños pobres.

Y Santa Claus... Santa Claus... el viejo zalamero, sólo había querido congraciarse, ¡como el fervor religioso y la justicia humana!

Pero había otros niños más miserables, otros niños más tristes, más enfermos, más dignos de intensa conmiseración que los pobres golfos harapientos de las barriadas.

Eran los hombres niños. El inmenso rebaño azotado por todos los flagelos. El formidable rebaño aullante de los ignorantes y de los timoratos, de los sórdidos y de los avaros, de los codiciosos y de los hipócritas, de los farsantes y de los cínicos. El inmenso rebaño humano padeciendo múltiples orfandades: orfandad de pan espiritual, de dignidad, de justicia, de sinceridad, de nobleza.

El buen viejo, redimido por el sufrimiento que experimentaba en tales instantes, se debatía en la más inenarrable de las angustias. Una dádiva para los hombres? Un presente que nos tornase ecuánimes y generosos, desprendidos y nobles. Un presente que nos trajese sinceridad y valor.... alteza de espíritu y comprensión. El don taumaturgo que realizara el estupendo prodigio de hacer menos bestial la vida de los hombres.

Santa Claus había vivido mucho, viajado más y observado enormemente. Habíase instruido también en el pensamiento de los hombres. Recordaba muchos ejemplos y consejos saludables. Veía el alma fresca y riente del paganismo y el martirologio de los siglos cristianos.

Pensaba en los Epicúreos y en los Estoicos. En las sentencias del Eclesiastés y en los festines de Sardanápalo. En las termas romanas y en las catacumbas.

Recordaba haber leído en uno de los inmensos pensadores modernos que la ignorancia y el miedo son los mayores enemigos de la felicidad. Pero, cabizbajo, mudo, perplejo, Santa Claus no dio con la dádiva maravillosa que debía irradiar en el alma de los hombres, en la Noche de Navidad.

Y después de mil novecientos veinte y siete años, el presente faltó en las mansiones de los niños ricos, que lloraron por el asombroso olvido del viejo zalamero, y faltó también en las buhardillas de los niños pobres que, al clarear el día, recogieron sus tristes zapatos rotos con la misma sonrisa de siempre, con el mismo gesto irónico y taciturno, con el mismo pensamiento de siempre......

LA MISA DE MEDIANOCHE

Lo que vio Marco Ponce
en La Merced

Doblaban en la Catedral. De las torres seculares, testimonio de aquella fe terca y honda que caldeó el espíritu de los guerreros y de los nautas de Castilla, emergía el son plañidero, alargándose sobre el panorama de los tejados rojos y de los cerros enhiestos. Melancolía gris dejaba en el corazón aquel continuo gemir de las campanas; gemido poderoso que, como llanto de hombre, llega muy hondo. Alguien se había muerto y el campanero lanzaba el badajo contra el bronce de las "mayores" cumpliendo un rutinario deber. Todos los días sube a las torres y la ciudad, de tanto oírlo, ya no se conmueve con el triste anuncio de una desaparición. ¡Lloran tanto estas campanas de Tegucigalpa!

Tienen sus horas gárrulas como el mediodía en que montan su regocijo en el anca de los vientos y se va cabalgando hacia brumosas lontananzas; pero es tan frecuente su entonación plañidera, que un amigo me decía que los bronces, con su cotidiano gemir, han contribuido de manera poderosa a crear esa atmósfera gris de tristeza, de luto, de siniestros presagios que ensombrece el cielo azul de la real villa de San Miguel. Y la capital deja de parecernos un rincón de la Andalucía mora para tornarse en una ciudad de aquellas que amaba Rodenbach, enfermo de crepúsculo, de silencio y de misterio. Desde sus nidos, en las altas torres de las iglesias, nuestras campanas, tocando perennemente a gloria, podrían alegrar el corazón de la ciudad.

Aquel llanto masculino de los bronces, en la catedral que amamos unciosamente porque se prestó a todos los gestos inquietos de nuestra infancia; porque nos ofreció su lomo para ensayar la agilidad de las piernas; su cimborrio para recrearnos con los colores del huerto; sus vidrios y sus rincones tenebrosos y su órgano para hacernos soñar; aquel gemir de las "mayores" colocó súbitamente, en la púrpura de nuestra ruidosa alegría báquica, un punto negro.

Y se habló entonces de la misa de medianoche. No de las misas negras de los íncubos y los súcubos que viven en las tradiciones medioevales; ni de los oficios satánicos que han perpetuado la fama del diabólico Gil de Rais. Esta, que parece argumento de una página abracadabrante de Villiers de L'Isle Adams, fue la misa que presenció Marco Ponce, una noche lejana de su loca niñez en que se quedó fuera de casa por el miedo a la reprimenda, después de cometer una pequeña travesura.

Hoy está muerto Marco Antonio. Su espíritu se diluyó en un crepúsculo mientras su cuerpo, su vigoroso cuerpo de hoplita, de lanzador de disco, de corredor olímpico, en los frisos griegos, yace bajo la tierra morena. Hoy ya duerme Marco Antonio. No sorprenderá más a las Vestales dormidas; no estará más en el "totem", ni captará con su ojo avizor la policromía fantástica y gloriosa de las danzas indias, cabe los teocalis; no se erguirá ya, bajo el sol radiante del trópico, acariciado por la luz de cien pupilas de mujeres hondureñas, su cuerpo de bronce, en el stadium. Ya está muerto, pero mucho antes de todo esto; mucho tiempo antes de que sintiera vibrar en su alma, hecha poesía, la belleza de nuestro lar solariego; mucho antes de que fluyesen de su astro los sonetos firmados por Pompeyo Rosas, que eran una revelación y una incógnita; mucho antes de que su ágil pluma de cronista se prestigiara en las columnas de los diarios capitalinos; mucho antes de que Manahuat irguiera su torso acerado en el poema que canta la gloria aborigen, Marco Ponce fue niño. Y su infancia, como toda verdadera infancia, traviesa, inquieta, ebria de cielo azul y de sol jocundo, llena de sueños febriles, colmada de panoramas fantásticos, turbada por presentimientos de días lejanos; y fue así que una de aquellas tardes en que aún le retozaba Pulgarcito en la memoria, con voz de niño goloso, Marco pidió la pala de batir el "nixtamal" para jugar béisbol. Ya sus ojos precoces se habían escapado fuera de la sombra de los aleros hacia el diamante donde más tarde conquistaría el laurel; y fue así que una noche de aquellas, noche blanca, diáfana, como son casi todas las noches en esta Tegucigalpa nuestra, Marco no llegó a su casa y andando, andando, fue a reposar bajo la barba cana de uno de los dos grandes Trinos de Honduras: el veterano del ciclo morazánico.

Durmió Marco mucho tiempo, tal vez una hora, quizás dos o tres, al pie del busto de aquel abuelo prócer. En el jardín solitario sólo se recortaba la figura del pequeño arquero de la fuente y los abundantes follajes de las acacias hacían más densas las tinieblas. Marco sintió frío, mucho frío y abrió los ojos dilatándolos en el hondo misterio de las calles dormidas.

La puerta de la Merced estaba abierta, escapándose por ella un raudal de luz y como el frío era intenso, Marco buscó refugio en el interior del templo, entre los reclinatorios. Durmió allí otro rato, más un rumor de voces, un murmullo de oraciones interrumpió su sueño. Sus pupilas contemplaron entonces, mientras el cuerpo se recogía temblando de miedo espontáneo, un singular espectáculo. Del lado de la Universidad, por el sitio donde indudablemente existió una puerta cuando la Merced era convento, salía una procesión de monjas, figuras blancas desfilando rítmica y lentamente delante del altar mayor. Se detuvieron allí; desde el extremo inferior de la iglesia veía Marco el grupo de fieles ocupando un gran espacio; de las albas tocas surgía aquel rumor que lo había despertado.

Cada vez más asombrado ante el prodigio, Marco vio de formarse el conjunto iniciándose nuevamente el desfile. Caminaban hacia abajo, venían hacia el sitio que él ocupaba. Si Marco no hubiera sido un niño entonces; si en aquella época lejana hubiese ya descubierto las vetas profundas de la literatura mística o diabólica o de las artes plásticas, habría pensado sin duda en las Misas Negras donde los atacados de Satanismo iban a saciar su rabiosa lascivia; en los aquelarres espeluznantes de las noches sabáticas; en las monstruosas aberraciones inspiradas por el genio del mal. Pero no. Aquel no era un espectáculo horripilante propio para ser descrito por la pluma de Huysmans. No había sacrilegio, ni blasfemias, ni invocaciones a Satán. Faltaban el macho cabrío y la hostia maldita. Las monjas estacionaron frente a los altares laterales; sus pasos no resonaban en el pavimento y Marco sólo oía cada segundo, más claro, cada vez más próximo, el murmullo de las preces. Intentó ver el rostro de las monjas, pero nunca pudo distinguir bien el de ninguna; estaban todas envueltas en algo ultraterrenal; las aislaba de él que estaba tan cerca, un velo del más allá y como se sintiera invadido por un súbito espanto, salió a refugiarse bajo la pía mirada del otro Trino, el luminoso abuelo de las pastorelas y los villancicos de miel.

Allí estuvo dormido hasta que la portera de la Merced, una señora con el aspecto de las comadres que disputan en las novelas naturalistas del siglo pasado, llegó a despertarlo. Marco contempló con ojos de asombro la enorme llave que colgaba de la cintura de la anciana y luego la puerta, cerrada herméticamente. La buena mujer, al oír el relato del niño, pensó que el frío le había trastornado un poco la cabeza.

Y fue así como en aquella tarde en que empezaron a gemir las campanas de la Catedral con llanto de hombre. Oí la historia de lo que vio Marco Ponce en el templo de La Merced, una blanca noche de su loca infancia. Hoy está muerto; pero hasta hace pocos meses, refiriéndose a este relato, afirmaba su veracidad, sin saber explicarse nada. ¡Lástima de muchacho, perdido para siempre!

FANTASMAS

Nuestro amigo Heliodoro se moría. No restaba ninguna esperanza de salvación. Los que éramos sus íntimos aún a la cabecera de su lecho de tuberculoso, al que rarísimas personas arribaban, recogíamos con profunda angustia y disimulada conmiseración, los últimos resplandores de aquel espíritu en vísperas de encararse con la Suprema Verdad y que, en tan augustos instantes, se mostraba en la plenitud de su refinamiento aristocrático, sin duda por la inminencia del fin.

Cuatro o cinco compañeros del que algunos meses antes constituía un blasón de orgullo de la juventud intelectual capitalina, nos reuníamos todas las noches para velar por turno junto a la cabecera del agonizante. Llevábamos cerca de un mes de hacer guardia, reposando apenas escasas horas, pues aun cuando el sueño viniese a reponer nuestras perdidas energías, la subconsciencia trabajaba siempre y en medio de un profundo sopor nos parecía escuchar el desconcertante lamento de nuestro amigo, sus voces temblorosas y enronquecidas requiriendo auxilio o en la penumbra del nirvana forzado donde aquietábamos los nervios creíamos ver surgir el cuerpo astral de Heliodoro: una forma blanca, ingrávida y suave que vagaba discretamente en el silencio y la soledad de la estancia y que luego desaparecía pasando a través de las paredes.

Nuestra hiperestesia de artistas que profesan el culto de lo nada común y que tratan de recubrir las escenas bastardas del vicio y del pecado lugareños con reminiscencias de ambientes exóticos, se hacía más aguda con la heroica vigilia que el invariable afecto hacia un compañero en desgracia nos imponía. La fiebre, que jamás abandonaba a Heliodoro, mantenía en una espantosa tensión aquel espíritu estudioso y refinado. Nuestras noches a la cabecera del enfermo llegaron a ofrecernos momentos de verdadera inquietud, de tremenda ansiedad, sobre las que cruzaba, gélido y rápido, el hálito de la Gran Silenciosa.

Un día, a eso de las tres de la mañana, la hora fría en que los fantasmas se acercan, sigilosamente, a los lechos, García y yo hacíamos turno. Martínez, Reina y Blanco dormían profundamente, acomodados en risibles posturas sobre los escasos muebles del estudio. Diez o doce noches de continuo desvelo habían acabado por vencer nuestra obstinada resistencia y el sueño, con esa dulce y a la vez molesta tenacidad con que se manifiesta en las horas de gran fatiga, lograba dominarnos poco a poco.

En la semipenumbra reinante en la alcoba, veía descender rítmicamente la cabeza de García y a ratos se abrían sorprendidas e interrogantes sus pupilas. Así debió observarme él a mí en los instantes en que el cansancio me agobiaba. Afilado y lívido, el rostro del tuberculoso emergía de las sábanas de blanco lino semejante a un cadáver amortajado con esmero. Su fatigosa respiración y una especie de lamento gutural era lo único que alteraba el silencio. García y yo no decíamos palabra, limitándonos a cambiar miradas de inteligencia. Alumbrado muy escasamente por la mortecina luz colocada encima del velador, con aquella barba negra y brillante, Heliodoro parecía un Crucificado pronto a descender a la fosa, de la cual no había de surgir el tercero día para colmar de gozo el nardo eucarístico de su Madre, sino allá en las regiones del misterio. Observando con suma atención el bello rostro del que había sido mi íntimo amigo de la infancia y de la juventud, ví cómo se movían sus labios, agrietados por la fiebre y oí su voz velada, lejana, como emergiendo del hermetismo de ultratumba.

Heliodoro hablaba animadamente con alguien que nosotros no podíamos ver. Para cualquier espíritu vulgar aquello era un simple delirio. Bajo la impresión indomable de las tenazas con que la fiebre oprimía sus lívidas sienes, el enfermo dialogaba con seres irreales, con personas que estaban muy lejos de su lecho de angustia, con amigos de la remota edad en que se asiste al kindergarten. Rostros familiares ya olvidados volvían a llenar los huecos de su memoria. Rostros cuyas líneas apenas se insinúan v que la ceniza de la vida que se abraza ha ido ocultando lentamente.

Ante él resucitaba la amiguita locuaz y pizpireta de las guedejas negras o blondas, que en una remota primavera fue encarnación de alegría; resucitaba confiado y sonriente el compañero de los audaces escarceos juveniles y luego la faz augusta de la madre y el otoñal regazo de la abuelita y el rostro viril del padre o del hermano. Delirio. Intenso delirio producido por la alta temperatura. Pero lo que en un lecho vulgar sólo significa esa palabra (delirio) en la escalofriante y angustiosa soledad de la sala donde yacía Heliodoro, era algo más. Sí, nosotros sabíamos que era algo más. Las formas irreales, los rostros desvanecidos que Heliodoro evocaba, llegaban ante él. Estaban presentes, aunque nosotros, temblorosos y acongojados, no los viésemos.

Y era que el tuberculoso pocas veces llamaba seres vivos junto a su lecho de martirio. No deseaba la vil materia, recipiente de impurezas y ruindades. Llamaba cuerpos astrales—seres que han sufrido en un crisol purificador extrañas y definitivas transformaciones y en quienes todo es luz y verdad.

Esa madrugada, García y yo nos habíamos rendido. Mi joven amigo hundió la frente en los almohadones de un diván inmediato, mientras yo, despreciando el contagio, doblegué la cabeza sobre el lecho en que, blanco y esquelético, reposaba el enfermo. A las tres, cuando el anquilosado reloj de la catedral rendía sus cuentas, el tuberculoso se incorporó lanzando un gemido agudo. Despertamos sobresaltados. Fijas en mí estaban sus pupilas llameantes. ¡Oh, en mi vida jamás olvidaré las pupilas de Heliodoro el tuberculoso! Ardían, taladraban cual dos brasas en mis carnes miedosas. Febril, estrechó entre las suyas, descarnadas y pálidas, mi mano izquierda...

—¿Qué quieres, Heliodoro... di, qué necesitas?

Me temblaba el cuerpo mísero al articular tales palabras. Temblaba mi voz, temblaban mis extremidades, sentía levantarse electrizado mi cabello y gotas de frío sudor bañaban mi frente. No sé qué poderoso hálito de misterio llenaba la estancia. García se acercó medroso y vacilante. Hundiendo las llamas inverosímiles de sus pupilas que brillaban de modo horrendo Heliodoro que estrechaba febrilmente, desesperadamente, mi mano izquierda. Me decía:

—¡Mira... mira... mírala, Marco! Está aquí. Está en mi casa. Ha venido porque la llamé. ¿Entiendes, Marco? Porque yo la rogué, la imploré que viniese. Tú la recuerdas... ¿verdad, Marco que tu recuerdas a Lena? Yo la llamaba así... y ha venido porque sabe que voy a morir porque presiente que luego estaré a su lado... ¡Ha venido...ha venido! Te digo que ella está aquí... en esta sala... junto a mi lecho!

¿La miras Marco? ¿Verdad que hablas con ella? ¿Recuerdas cómo sonreía cuando le recitábamos versos de Amado Nervo?

"Silenciosamente miraré tus ojos,
silenciosamente cojeré tus manos,
silenciosamente,
cuando el sol poniente
nos bañe en sus rojos
fuegos soberanos,
posaré mis labios en tu limpia frente
y nos besaremos como dos hermanos".

—¿La ves, Marco? Pero no —Ustedes no pueden verla... sólo yo. ¡Ha venido... me besa… se va... Marco... dile que aún espere!

Un hálito frío: el relente que pasaba vibrando en la noche estrellada. Hasta la médula crujieron mis huesos. Vi a García vacilar y retroceder intensamente pálido. Sus ojos parecían iban a escaparse de las órbitas. Lo vi temblar. Yo también me estremecía y temblaba. Una forma blanca y leve. Una forma que apenas era forma, que era como un celaje, semejante a un maravilloso encaje de niebla, se había desprendido, se había retirado del borde del lecho en el preciso instante en que Heliodoro gemía —lanzándome al rostro su aliento de tuberculoso—. "¡Se va, Marco... dile que espere!". Aquel vapor, aquella nube, aquel encaje se volvía más inquietante, tomaba contornos. Era una figura de mujer perfectamente sensible a nuestra retina. Sí. Una mujer en plenitud de adolescencia. Una mujer de dieciocho años. En la penumbra de la estancia, apenas alumbrada por el mortecino fuego del velador, aquella figura de mujer era toda luminosa y áurea. No sabemos cómo desapareció. Quizás por la puerta herméticamente cerrada. Quizás a través de las paredes. Estábamos absortos y manteníamos los nervios en tensión espantosa. Recuerdo que dije al enfermo:

—Era tu madre, Heliodoro.

Y él, ansioso, como trepidando de una alegría mezclada de ensueño, respondió:

—¿Mi madre? No. Es Lena. Es que tú, acaso, no recuerdas a Lena. Cuando venga mi madre iré con ella.

Descansaba y, mientras tanto, temiendo que surgiese de nuevo la blanca aparición, yo hacía memoria. Lena... Lena —este nombre me obsesionaba—. Lena fue la novia adolescente de Heliodoro. Para ella fueron los primeros claveles, los primeros versos y los primeros requiebros del infortunado amigo. Yo estaba con él todas las mañanas, esperando verla salir del claustro de las monjas con su valija de colegiala bajo el brazo. Nunca supe cómo se llamaba aquella muchachita delicada y sentimental. Largas horas —en las bellas noches de mi ciudad— pasamos atisbando el balcón de la niña. Y, una tarde muy opaca y muy fría de noviembre, toda amortajada de blanco, ella se fue hacia el misterio. Heliodoro la lloró algunos días, sinceramente, así como se llora y se ama cuando la estulticia y la perversidad humanas no han encenegado nuestra juventud.

Después, la herida fue cicatrizando poco a poco. Y —en esta noche pavorosa, en esta noche en que rondaba la muerte, acechando la prometedora existencia de nuestro amigo— ella volvía, ingrávida, astral, a dejar sumidos en quietud balsámica los nervios exaltados del enfermo.

Al siguiente día, algo reconfortado con las medicinas y los asiduos cuidados que le prodigábamos, Heliodoro reprendía mi falta de superstición.

—Tú no crees en fantasmas. No crees en aparecidos. Pero no has dialogado con el misterio, como yo.

Hay que reflexionar largamente en Maeterlinck. Piensa en el Huésped Desconocido. Cuando en el inquietante silencio de una noche escuchas ruidos que no tienen explicación lógica, o cuando en las tinieblas que reinan en tu alcoba abres repentinamente los ojos y ves, creyéndote víctima de raras pesadillas, algo que se corporiza, algo que se mueve, algo blanco que semeja una gasa impalpable o un celaje, a pesar de tu valor juvenil y de tu incredulidad filosófica, te estremeces, haces un esfuerzo y sonríes; sin embargo, oprimes el switch. Pues bien, para ustedes que están sanos, para ustedes que tienen enfrente toda una luminosa existencia, el misterio apenas se insinúa, así levemente, con esas ingrávidas y rápidas formas.

¿No has sentido, a veces, cuando te encuentras dominado por sueño profundo, algo como un hálito cariñoso y tímido rozándote la frente y los cabellos? ¿No has sentido el peso de un cuerpo que se hunde junto a ti, en tu lecho? ¿No has sentido que imperceptiblemente te toman una mano y la acarician con suavidad infinita? ¿No has visto algo blanco que se desprende de las tinieblas y se acerca a ti? ¿Algo que te hace vibrar y estremecerte; algo que te llena de un miedo rápido, instantáneo, del que luego, en la claridad del día, te mofas?

¿No has oído rumores persistentes, golpes en muebles, chirrido de cerraduras, voces que no sabes cómo interpretar? Lo has oído. Lo has visto... ¿No es verdad? Pues nosotros, los moribundos, estamos tan cerca del misterio que podemos distinguir los fenómenos ultraterrenos con perfecta nitidez.

Me hablaba todo él envuelto en algo que era obsesionante y raro. En su voz parecía vibrar un no sé qué remoto, un no sé qué exento de interpretación, un no sé qué ante el cual toda mi ansiedad se extasiaba y, ante el cual, vacilaba mi escepticismo filosófico. Tentado estuve de confesar a mi amigo tuberculoso que la noche anterior todo mi coraje juvenil se había evaporado.

Heliodoro nos hablaba, con mucha frecuencia, de su madre. Confusamente, entre los vagos recuerdos de mi primera infancia, añoraba el rostro a la vez grave y amoroso de aquella inteligente y abnegada mujer cuyos ojos contemplaban agradecidos, desde el soberbio retrato que se ostentaba sobre el lecho del enfermo, los nobles esfuerzos de los amigos de su hijo. La madre de Heliodoro había volcado en el ser de su primer vástago el tesoro maravilloso de su espíritu sentimental y refinado. Alta, distinguida, un poco pálida, con una palidez otoñal de camelia, soñadora y heroica, como todas las madres, la de Heliodoro concretó en su primer varón la más decidida intensidad de su cariño. Y el hijo heredó las dotes preciadas de la madre: la inteligencia, la nobleza, la sensibilidad. Sobre todos los amores de su vida ardió siempre, en el fuego de su espíritu, aquella veneración sin mengua hacia la autora de sus días.

Y por eso, en los momentos álgidos de su prolongado calvario, nos decía enternecido y gozoso:

—Mi madre vendrá por mí. Vendrá tres veces únicamente y en la última iré con ella. Os abandonaré para marcharme con el amor de los amores. El amor más grande de la vida. Y, aunque todos lloren mi ausencia, yo iré feliz en sus brazos incansables que mecieron mi niñez. Ya ha venido una noche. Ninguno de ustedes la vio. Sí, vieron a Lena, porque en el amor de la que fue mi novia hay egoísmo. Pero en el amor de la que fue mi madre —como en el de todas las madres— ni sombra de egoísmo existe. Es callado, modesto, humilde y sublime.

El enfermo empeoraba diariamente. Su calvario no sería muy largo. Sabiéndolo irremediable, nosotros veíamos extinguirse, muy contritos, la llama de aquel que fue nuestro hermano por la juventud, el esfuerzo y el ideal. Su rostro, cada vez más demacrado, era fúnebremente bello y, podría decirse que la premura de su inevitable fin hacía brillar con magníficos fulgores la privilegiada inteligencia de nuestro amigo y que, para él, fueran familiares los rostros y las voces de ultratumba, idos definitivamente para nosotros.

Una fría tarde, Heliodoro —que sentía predilección por mí— me hablaba lenta y difícilmente:

—Sabes, Marco, que pronto voy a morir. Yo agradeceré siempre el afecto con que ustedes me han cuidado. ¡Siempre! No extrañes si digo esta palabra. Yo sé que continuaré viviendo. ¿Recuerdas a Ligeia? Pues bien, mi voluntad será más poderosa que la extinción de mi ser y volveré a ustedes que tanto me han amado.

Yo me estremecí. Heliodoro continuó:

—Todos los muertos vienen a mí. Hace pocas noches estuvo en esta alcoba mi hermana. ¿Tú recuerdas a mi hermana que falleció en 1924? Y vino también abuelita. Ustedes vieron a Lena y, anoche, cuando dormían, mi madre estuvo conmigo la segunda vez. Se sentó cerca de mi almohada, casi en el mismo sitio que tú ocupas ahora. Me acarició suavemente, muy suavemente, como sólo las madres amantes saben hacerlo y aún más las que están muertas. La hablé y la vi sonreír. Sonreía igual que en los días de mi infancia. ¡Muy luego volverá por mí... iré con ella... iré con ella, Marco...!

Sentí una angustia espantosa, doblegándome completamente. Y lloré, pues comprendí el próximo fin de Heliodoro.

Tres días después, en un lento y pálido atardecer, murió en nuestros brazos, mientras las flores se desmayaban en los jardines y en el cielo florecían las primeras estrellas. Agradecida, su madre nos contemplaba piadosamente con sus bellos ojos aterciopelados. Yo creí ver una sonrisa en los finos labios aristocráticos cuando el espíritu de ella y de él vagaban estrechamente unidos en las regiones del insondable Misterio.

EL CÉLEBRE CASO DEL ABOGADO VICENTE FERRERA

En el convencionalismo tácito que preside en la sociedad —amalgama de virtudes y de ruindades— don Vicente Ferrera fue numerado en la casilla de los hombres sensatos, de las personas de respeto, o de las gentes de bien, que para definirlo da lo mismo, ya que tales conceptos son sinónimos. De quien la sociedad no tiene noticia de que ha matado, o ha ido a visitar un hogar sin hacer uso de las puertas que dan a la calle, se dice que es una persona de bien. ¿Pecados? Quizás algunos: tal vez desempeñando un puesto público: magistrado, guardián de arcas, don Vicente Ferrera, ciudadano honorable, abogado de la facultad, alta jerarquía social, haya tenido algún desliz. Dineros de la comunidad que fueron a engrosar el tesoro propio, por arte de birlibirloque; litigios resueltos de manera satisfactoria por el recto don Vicente, gracias al argumento formidable de un cheque; veredictos obtenidos mediante el uso de expedientes oscuros. Cosas así. Pequeñeces de esa índole. Pequeñeces... que empañan el diamante de cualquier reputación.

Pero don Vicente no había roto a puñaladas ni abatido a plomos a ningún hombre; don Vicente no había escalado ningún tapial de vecino, ni tampoco había ensayado piruetas, amablemente borracho, sobre el adoquinado. Era, pues, un hombre de bien. Hurtos en las arcas públicas, prevaricaciones, deslealtades, usuras sangrientas, hábitos inveterados como el de expresarse mal de las reputaciones ajenas. Eso sí. Pero... ¡qué caramba! eso no impide ser, en el tácito convencionalismo social, un hombre honrado. ¡Guay de quien se atreviese a insinuar algo que pusiera en zozobra la honorabilidad de don Vicente! Alta la cabeza, segura la mirada, erguido el busto, el abogado Ferrera podía mostrar su corazón sin máculas. Muy adentro, los duendes rebeldes, hijos de la madre conciencia, sabían a qué atenerse respecto a la virtud del abogado. Esto en el aspecto social.

Aspecto físico: hecho según la medida común a los hombres de su edad. Cuarenta y seis años, más alto que bajo, robusto, fuerte, nervioso, con apariencia de satisfecho, mediocre, gris, mal humorado a ratos, utilitarista convencido.

Aspecto moral intelectual: en las categorías sociales, ya lo definimos: persona honorable, persona de respeto, abonada. Según Ia conseja indiscreta de los duendes que cada quien anda llevando, era: falso, hipócrita, y amigo de los pecados que se disimulan en el convencionalismo urbano. Horizonte mental: tres docenas de textos anticuados, mal digeridos en los bancos del Instituto Nacional y en el aula universitaria. Abogado de clientela, funcionario público a veces, catedrático osificado a ratos, buen sujeto. Actor de mérito en la comedia humana. Síntesis: magnífico ejemplar de simulación.

Así era don Vicente Ferrera. Después de los sucesos en que actuó como protagonista, se reveló también con rasgos no tan recomendables como esos, pero sí más interesantes. Su caso provocó escándalo, sensación, anatemas, lágrimas y, si hubiesen psiquiatras en este pueblón con música, tal decía mi padrino, ese caso de don Vicente Ferrera hubiera sido excelente para largos estudios y disertaciones.

II

Además de sus vicios y de sus virtudes el abogado tenía una hija. Enriqueta Ferrera es una muchacha de lo que llaman, antojadizamente, la clase media. Estudió en la Normal de Señoritas hasta graduarse de maestra. Sirvió un año sí, otro no, en cualquiera de las escuelas municipales de la capital. Veintidós años vividos honestamente, lejana la sombra de la caída original, con menudas preocupaciones hogareñas, anhelos y vagas desilusiones, amorcillos y besos furtivos en los cines. No es nada fea y por los días en que el espíritu del mal extendió sobre su juventud sus alas membranosas de vampiro (hace más o menos dos años) era realmente una mujer codiciable. Hija única y huérfana, vivía sola con su padre.

Una tarde, en la hora de la canícula, un grito urgente rasgó de, pronto el bochorno. A los transeúntes les dio un salto el corazón. Las maritornes acudieron a puertas y ventanas. Los chicos corrieron hacia la morada de don Vicente. Una de las mujeres, más caritativa o más escandalosa, asomó la nariz por la puerta entreabierta e interrogó:

— ¡Qué pasa!.¿qué sucede?

—¡Nada....váyase!

La dama pudo ver al abogado en el corredor de sus habitaciones, torvo, la faz desencajada, perdido su aspecto de persona seria, diríase iracundo.

Y más tarde, cuando las gentes de bien dormían plácidamente en sus confortables alcobas; rondaban por las calles los miserables y los muchachos trasnochadores volvían lentamente a sus hogares, el grito se repitió muchas veces. Volvió a rasgar el silencio. Cortaba el aire, vibrando en ondas que repercutían poderosas. Salía como de una entraña herida, como de un amor traicionado, como de un bien perdido. Y se hundía en las tinieblas preñadas de maleficios.

III

Enriqueta cosía en la máquina Singer cuando entré el abogado en la habitación. Al levantar los ojos lo vio tan extraño que apenas pudo reconocerlo,

¿Su padre? Sí, pero ¡qué aspecto! Lívido, desencajado, caído el mentón, sanguinolentos los ojos, sacudido por un ligero temblor, avanzaba hacia ella. El ojo perspicaz de un fisonomista que en tal momento anormal hubiese observado el rostro de don Vicente pudo fijar, para hacer luz en su extraño caso, los rasgos diferenciales del abogado, con la expresión nominal y agruparlos en el lugar que les correspondía. Con la excitación habían salido a la superficie los verdaderos perfiles del individuo, que en la vida sedentaria rasaban inadvertidos gracias al poder de adaptación de los simuladores. Y ante los ojos de la muchacha desconcertada y muda de pavor, apareció la faz de don Vicente, sin la máscara que la cubría en la sociedad. Los caracteres morfológicos del delincuente se acusaban ante la mirada de la joven, que desconocía a su padre. La asimetría del cráneo, aquella frente que tenía escasamente tres dedos de amplitud, la mandíbula poderosa con la amenaza de la dentadura crujiente, aquellas pupilas donde la sangre parecía clamar por la sangre… Un fisonomista no hubiera vacilado....

—¡Hoy arreglaré cuentas contigo. Vamos a saber si me respetas o no!.... ¡Levántate!

Y alzaba el puño grueso, nervudo.

—¿Qué sucede, papá? ¿Qué mala acción he cometido?

—¡Silencio, coqueta! ¡Levántate... levántate... levántate ya!

Y simultáneamente, mientras brotaba de sus labios una catarata de palabras soeces, estrujadas por los dientes rechinantes, el hombre asía de la cabellera a la muchacha —una magnífica cabellera anacrónica— y la llevaba, violenta, febrilmente hacia el centro de la habitación. Golpeándola con los puños y con los pies, dando con ella contra el suelo, lanzándola contra las duras paredes, don Vicente Ferrera cubría a su hija con un diluvio de frases incoherentes, locas, intercalando en ellas los vocablos más sucios del hampa.

Era un espectáculo monstruoso y grotesco. Un agua fuerte trazado por la mano de un artista en plena demencia. El cuerpo de la infeliz rebotaba sobre el piso, causando un sonido escueto; las piernas y los brazos aparecían cruzados por listones sangrientos; entre las ropas desgarradas albeaba la carne blanca; y en el vientre y en la espalda grandes manchas violáceas se pronunciaban más a cada golpe; las manos del hombre, poseídas de una epilepsia homicida, se enredaban en los cabellos de la mujer y aquello enfurecía al verdugo; las delicadas mallas se rompían de un tirón brutal y el dolor lancinante hacía dar alaridos a la hembra. Extraviada la mirada, con la boca cubierta de un ligero cordón de espuma, maldito, rugiente, el monstruo arrojó a la víctima contra una pared, de un puntapié en el vientre y se lanzó al corredor.

A los gritos de la mujer el vecindario se alarmó, pero pudo más el egoísmo de cada uno y nadie penetró en la casa.

Enriqueta estuvo en cama ocho días, sufriendo por los golpes recibidos. Su padre, ceñudo y hermético al empezar la semana, fue humanizándose en el transcurso de ésta y al final habló a su hija. Los labios de la mujer, medio rencorosa aún con el pensamiento negro de la tortura, se entreabrieron para disculpar al verdugo. La muchacha pensaba que aquella furia de su padre era debido a cuentos de las malas lenguas. Gente murmuradora y perversa...

Algo había entendido ella de la palabrería insana de don Vicente, cuando la golpeaba. Frases vagas, pero un suceso original: sus relaciones con Víctor Matamoros, estudiante de medicina que era su novio desde hacía ocho meses. En la tempestad de locura que durante los minutos de su angustia azotó el cerebro de su padre, el amor de Enriqueta hacia Matamoros había sido una idea central. (Así lo suponía ella). La generatriz de aquella furia demoníaca. ¿Por qué odiaba su padre a Víctor? En sus relaciones con el estudiante no hubo hasta esa fecha nada censurable. Qué habían dicho a don Vicente las lenguas viperinas del barrio?

Transcurridos veinte días, Ferrera llamó a su hija. Estaba en su bufete, ceñudo, torvo. Al llegar la muchacha, se levantó violentamente y dijo, gritando las palabras, como latigazos en el rostro de Enriqueta:

—¡Ramera... tú vives con Matamoros!.

—¡Papá... no diga eso. No es verdad!

—¡So! Voy a quitarte para siempre las ganas de ir con él.

Se lanzó a la pared, descolgó un largo foete y lo hizo silbar encima de la víctima. Dando gritos, la mujer se arrastraba sobre las alfombras, se metía debajo de los muebles, trataba de resguardarse tras del escritorio, de las sillas, de los cortinajes. Era inútil. El largo foete, manejado con diabólica destreza, la envolvía como una serpiente; le escardaba la piel; se hundía en la carne y volvía a destrenzarse en el espacio, rojo, fatídico, látigo de Satanás, dibujando rápidas elipsis, negras espirales que se precipitaban sobre la infeliz. En su rabia, el verdugo rompió un bello jarrón chinesco y las rosas blancas se tiñeron con la sangre de la mujer, sobre la muelle alfombra.

Ferrera reía, poseído de alegría satánica.

Después de ese día la demencia homicida del abogado se acentúo rápidamente. Su instinto criminal se hizo más agudo y llegó al refinamiento de la crueldad. Muchas veces la hija sufría las maceraciones de su cuerpo sin gritar. Sólo cuando él extremaba la tortura daba alaridos capaces de mover a la piedad a una roca. Cuando estaba quieto permanecía ella casi en la atonía. Se idiotizaba. Los golpes la iban convirtiendo en una pobre bestia resignada.

Ferrera no mencionaba ya en sus crisis a Víctor Matamoros. Ahora casi no hablaba. Reía convulsivamente a ratos y progresaba en su oficio. Diríase que por un proceso de metempsícosis se había alojado en su organismo el espíritu diabólico de los atormentadores medioevales, de los heresiarcas sombríos, de los monjes de la Inquisición, secuaces de Torquemada, que tan a conciencia ejercían su cargo. Trataba de inventar suplicios nuevos. Producir dolores horribles con pequeños esfuerzos; una tarde se empeñó en arrancar los cabellos a Enriqueta, uno a uno. Cuando la fatiga doblegó su brazo dio un tirón horrendo y la mujer cayó al suelo, desmayada. Aquellos tormentos refinados y atroces empezaban a hacer vacilar la razón de la muchacha.

El enfermo —porque éste es indudablemente un caso que pertenece a los dominios de la clínica mental— adquiría en las librerías de la ciudad volúmenes antiguos, sabios en hechicerías y torturas. Se apasionó por los libros de donde emana un vaho asfixiante de sangre coagulada. Gustaba de las descripciones de crímenes, de fiebres homicidas, de pasiones malditas. Cada día era más sombrío. Parecía que el rostro se alargaba, que el mentón caía más, que la mandíbula tomase el aspecto de las quijadas de los grandes criminales y brillaba en los ojos un maligno fulgor vesánico.

Atormentaba a la hija durante la noche. Las serenatas furiosas de los gatos en celo eran cortadas por un alarido taladrante y enardeciéndose los felinos hacían coro con sus maullidos. Atada a uno de los pilares del corredor, Enriqueta sufría el tormento. Muchas veces se mordía los labios, rompiendo los ayes de sus entrañas heridas.

Ferrera sentía que aquellos goces no le conmovían ya. Se iba tornando exigente. Su satanismo exasperado necesitaba algo más fuerte. Su cuerpo apenas se sacudía con el dolor de la mujer y el verdugo, falto de espasmos, se ponía iracundo. Ansiaba desquitarse. Recordó haber leído un libro, "El Jardín de los Suplicios", de Octavio Mirbeau, poderoso escritor realista y acudieron, tal una serie de prodigios a su mente anormal, las horribles torturas chinas, quinta esencia del arte. Los brujos medievales, los monjes inquisidores de almas más negras que las sotanas, se quedaban pequeñitos. ¡Los suplicios chinos! ¡Ah, el horror del infeliz a quien una rata hambrienta devora las vísceras! Ya ensayaría él aquellos maravillosos específicos del dolor.

Una noche, Ferrera llevó a su hija hasta la azotea. Enriqueta había dormido y así, casi desnuda, el verdugo la obligó a subir. Arriba, la mujer suplicó y lloró en vano. Trató de fugarse y le dio alcance, tomándola de la cabellera. Arrojó la al suelo y recorrió con ella el cuadrángulo de la azotea. Parecía una danza sabática el espectáculo de aquel hombre que hacía piruetas llevando a rastras el cuerpo de una mujer.

Ella no gritaba ya. De su pecho escapaba un sordo anhelar y sus grandes ojos negros se abrían en la soledad de la noche y de su angustia, naufragando en llanto.

Quedó un instante arrodillada en el centro de la azotea. En la tenue claridad reinante aquella noche, vio aparecer el monstruo la carne impoluta de la mártir, libre de velos. Vio los muslos blanquísimos y las palpitantes desnudeces. Y todo fue como una revelación. Por la mente enferma del criminal cruzó con lividez siniestra la idea de goces nuevos, de sensaciones insólitas, de fuentes desconocidas de placer. Se lanzó sobre ella aprisionándola con sus brazos poderosos, cuya fuerza centuplicaba el deseo insano; apretando con sus manos nervudas los muslos y las caderas; mordiendo en los senos turgentes.

Herida por la dentellada rabiosa, la mujer sintió en la carne viva de su juventud el baldón de aquellos suplicios, la vergüenza de aquella existencia, el horror de aquel deseo incestuoso. Y recobrando la energía moza que durante tantos días claudicó, se levantó, corrió por las azoteas, hiriéndose los pies, crujiéndole los huesos de frío y de pavor, flotando al aire, como un pendón trágico, la cabellera.

El verdugo la persiguió, obstinado, rabioso. Trotaba sin ver el suelo, fijos en la mujer blanca que huía sus ojos, su lujuria, su demencia y, en una de tantas vueltas, dio un paso hacia el vacío y cayó. De arriba, Enriqueta pudo ver contraerse sus miembros y luego estirarse y quedar rígidos.

¿Qué extraño caso de sadismo es éste? ¿El alma de algún inquisidor, el alma de algún poseído, encarnó en este hombre? ¡Quién lo sabe! El suceso provocó escándalo, anatemas, lágrimas y, si hubiesen psiquiatras en este pueblón con música, tal decía mi padrino, el caso sensacional del abogado Vicente Ferrera serviría de tema para largos estudios y disertaciones.

LA GLORIA

Escuchaban absortos los neófitos la palabra elocuente, el verbo lírico y gallardo del escritor consagrado. Reposando en los mullidos divanes, hacían vagar sus ojos inquietos sobre los volúmenes de la biblioteca, opulenta, rica, capaz de provocar la ira de Omar. ¡Cuánto ha leído el maestro! ¡Y cuánto ha escrito! ¡Qué interminable procesión de años desfilará antes de que nosotros podamos ufanarnos, con justicia, de haber realizado la obra de él! Esos pensamientos vagaban en los cerebros de los literatos noveles, mientras sus pupilas interrogativas seguían los gestos del consagrado y el vuelo fascinante de las imágenes que sugería su cálida elocuencia.

¡Ah, la gloria del maestro! ¡La ambicionada, la esquiva, la difícil, la inasequible! ¡Poder tratar a esa hembra orgullosa tal como lo hacía el poeta consagrado! Poder agobiarla con un despreciativo ademán y decirle encima cuatro frases hirientes. Poder renunciar a ella, desdeñar su compañía cuando ya resulta enojosa, cargante y ridícula. Todo eso lo hacía el maestro tan fácilmente. Pero la obra de él, sus cosechas luminosas, sus gavillas de estrellas literarias, su prodigiosa tarea de orfebre, duraba ya una treintena y ellos —¡los impacientes neófitos!— apenas si hacían pininos.

Sobre el escritorio, hierático, impenetrable, duro, un Napoleoncito de mármol concentraba a largos intervalos las miradas del laureado y de los escritores jóvenes. Aquel busto provocaba raptos de entusiasmo al maestro. El corso genial era uno de los fetiches de su corazón. Y Beethoven, enorme y triste, un poco más lejos. Y Goethe, hermoso, sano y feliz. El maestro hablaba de la celebridad, del eco inmortal que consagra los nombres de los ungidos después del formidable trompetazo de la fama. En los ojos de los neófitos, deslumbrados por aquella reverberación de imágenes, brillaban los rayos de las esperanzas secretas y amorosamente acariciadas.

—¡Ah! —decía el poeta consagrado— lo enojoso que resulta, a la postre, la celebridad. Miren ustedes —exclamaba señalando las revistas amontonadas sobre las mesas, los divanes y el suelo— miren ustedes mi nombre en todas ellas. Reproducciones en periódicos argentinos, mexicanos, franceses, ingleses. En todas partes mi nombre. ¡Ya me cansa esto! Luego las autógrafas, las entrevistas, los fotograbados. Estar en todos los lugares; ser conocido por todo el mundo; que hasta los seres más humildes tengan estereotipado mi rostro en sus ojos. Cuando voy por esas calles, evocando quizás un pasaje de la Ilíada, recordando un verso de Dante o una exclamación de leopardi; cuando tal vez llevo en la mente la imagen gloriosa de una figulina de París, de una grácil napolitana o de una española cuyos ojos me hicieran delirar; cuando pasa ante mis pupilas la visión inolvidable de la Costa Azul, de las catedrales góticas o de los canales venecianos, de pronto, una triste mujer, un arrapiezo, me saludan:

—Buenos días, don Andrés.

Y los rostros bovinos, las sonrisas pueriles, la insoportable calamidad de los apretones de manos. ¡Oh, es terrible... terrible, amigos míos!

Absortos seguían los neófitos el inquieto accionar del maestro. Hierático, impenetrable, el Napoleón de mármol presidía el cenáculo. Más lejos, triste y enorme, Beethoven. Y Goethe, Darío, Nervo. El poeta laureado tuvo la honra de estrechar la mano prodigio que escribió la "Sonatina". La mano de taumaturgo que preparó bálsamos de elevación y plenitud. ¡Ah, los inmortales amigos del maestro! Lejanos, desaparecidos ya, el cisne nicaragüense, el azteca, Leopoldo de la Rosa. Honrándose con su amistad el enorme creador de la "La elegía del órgano", Lugones, Valencia. Y haciéndole guiños cariñosos, desde la inmortalidad, Hugo, Verlaine y Poe ¡Quién fuera como el poeta laureado!

Al refrescar la tarde el maestro salió con su cortejo de escritores noveles a ver el crepúsculo, a charlar de literatura, de mujeres, de arte. Erguido, brioso, arrogante, el consagrado recorría con pasos ágiles la calle solitaria y descolorida. Le seguían los neófitos pensando hurtarle en cada ocasión un poquito de aquella su universal popularidad. A tres cuadras de su habitación vieron los neófitos cómo el maestro se llevaba la mano al sombrero, inclinaba ligeramente el torso gallardo y tras una sonrisa brindaba su saludo:

—Muy buenas tardes... señora.

Angulosa, gris, hierática, contestó la aludida:

—Muy buenas... don Pancho.

¡Ah, la gloria! Tras el maestro, por la calle solitaria, iban los escritores noveles meditando sobre el enigma de la fama. Treinta años de labor benedictina, de orfebrería, de creaciones. La enorme trompeta haciendo resonar su nombre por todos los ámbitos; las revistas disputándose la firma, el rostro estereotipado en todas las pupilas, el gesto familiar de los ilustres muertos... la gloria, la ambicionada gloria y...

—Muy buenas... don Pancho.

Allá, en su cerebro inquieto, el más travieso de los noveles oyó reír discretamente al sereno abate Coignard.

DEL DOLOR Y EL PECADO

Habían bebido más de lo que es preciso para estar chirlo mirlo. Todos eran gente brava, entre lo bravo de la bohemia sentimental y anarquista; la lírica bohemia de los dieciocho a los veinte años, cuando se hacen versos iconoclastas, se fuma mucho, se bebe ajenjo y se vive nerviosamente soñando con fortunas y elegancias florentinas. En el estrecho salón de la cantina—lupanar, se cruzaban epigramas y poemas de última factura bajo un negro vapor de humo. Luis del Cid, un vicioso casi adolescente que había abierto los ojos sobre todas las promiscuidades del pecado y del dolor y que se destetó saboreando nicotina y whiskey declamaba con énfasis torturadas estrofas, de esas que destilan hiel de miseria y fracaso como las infelices hetairas que se pudren en los blancos lechos del hospicio. Rodeando la gran mesa repleta de botellas vacías y a medio vaciar, de colillas y de sándwiches, se veían hasta una docena de rostros casi imberbes, pero ajados por la vigilia y el exceso; rostros que han pensado mucho; frentes pobladas por larvas de interminables ensueños; caras de Dorian Grey, apenas adultos, pero maestros ya en el mal vivir que espanta a las gentes recatadas; cuerpos que el Minotauro de la lujuria ha ido aniquilando a fuerza de espasmos; bocas hastiadas prematuramente de tanto morder los frutos de tentación; ojos hermosos, hermosos ojos claros o profundos sumiéndose en un nirvana; perfiles aquilinos y enérgicos de luchadores griegos borrachos en las fiestas de Dyonisos; perfiles funambulescos de apaches montmartrenses. Como en un aguafuerte burlón; lacios cabellos sobre los ojos y la pipa humeando intensamente, Luis del Cid se erguía para recitar los versos del Rey Cretino, de Emilio Carrere, donde se balancean cuerpos convulsos en la plazoleta de los ajusticiados.

Silvio Rosa era el maestro de este cenáculo juvenil Silvio Rosa, poeta futurista y estrambótico; escritor original, nervioso e incomprendido que había desflorado, manchadas en ajenjo, dolorosas corolas del vicio. Silvio tenía una extraña obsesión: la de creerse enfermo, angustiado, poseído por un demonio como el Duque de Freneuse, el inmortal Señor de Phocas, creado por aquel maravilloso orfebre de la prosa que se llamó Jean Lorrain; y como su héroe predilecto, amaba las piedras preciosas; las esmeraldas, los zafiros, los ópalos lechogos, los crisopacios, las amatistas; y tenía la pasión de los ojos, los ojos con resplandores de gema.

"¡Ojos que han mirado mucho tiempo la mar ¡oh! los ojos claros y lejanos de los hombres de mar, los ojos de agua salada de los bretones, los ojos de agua dulce de los marineros, los ojos de agua de fuente de los celtas, los ojos de sueño y de infinitas transparencias de los ribereños de los ríos y los lagos, los ojos que a veces se encuentran en las montañas, en el Tirol y los Pirineos, ojos en los que hay cielos, grandes extensiones, albas y crepúsculos largo tiempo contemplados sobre la inmensidad de las aguas; de las rocas o de los llanos; ojos donde han entrado y se han quedado fijos tantos y tantos horizontes... ¡Ojos que han mirado mucho tiempo la mar!"... y los lindos ojos de flor de Willie Stephenson, la deliciosa criatura blanca como gladio, "vientre plano y senos pequeños y siempre firmes"; la frágil criatura de nuca satinada como la nuca de Ana de Bolena; esa Willie "belleza de patíbulo que llamaba a gritos la violación y la violencia" y que hacía pensar a Freneuse en los dulces y exangües rotros de las bellas damas aristócratas que Fouquier Tinville y los terroristas enviaron a la guillotina para formar en la otra vida el cortejo de María Antonieta.

¡Pobre Willie Stephensoni Un día el Señor de Phocas la sorprendió como la más descarada golfa, en un baile de arrabal, junto a una danzarina de Moulin Rouge, pagando rondas calientes a una banda de rufianes; los ojos de las estatuas, ojos de las Venus; la doliente esmeralda dormida bajo los párpados de Antino; la terrible mirada de los ojos de aquella Izé Kranile, cuyo espectro encontró más tarde el pobre señor de Phocas guiado por su diabólico compañero Ethal.

Y Silvio recitaba los versos de Remy de Gourmont:

"Bendecida sea tu boca porque el adulterio encierra,
Porque sabe a rosas frescas y a vejeces de la tierra
Y ha bebido el jugo negro de capullos y de cañas;
Y cuando hablas se oye el ruido muy lejano de las cañas
Y los labios hechos sangre cual rubíes todos luz
Son la herida postrimera de Jesús sobre la cruz...".

Y las grandes letanías de la lujuria:

"Lujuria ¡fruto de muerte del gran árbol de la vida!
Lujuria que a los sentidos brindas esplendor lozano...".

El libro enfermo, neurota, tremendamente sincero del literato francés se deshojaba sobre la tertulia juvenil como una fantástica corola negra.

II

Cuenta, dinos algo de tu vida, Silvio. Algo bello, funambulesco, macabro.

—Sí...les voy a referir una historia; una historia que no ha hilvanado mi fantasía, ni es quimera del ajenjo, ni página de Lorrain. Es una historia palpitante, sencillamente dolorosa, con la brutal sencillez que tienen todas las tragedias de la vida; la brutal sencillez de una puñalada en el corazón o un balazo en la sien. La historia que oí de labios de una meretriz que hace la danza del placer sobre el umbral de la tumba, porque el misterio se la va a tragar en breve. Ya podéis imaginar de que ha sido presa: las enfermedades venéreas ¡la sífilis! Su cuerpo frágil y clástico; su clástico y felino cuerpo que anoche tuve entre mis brazos, será muy luego pasto de los gusanos.

Todos sabían de aquella existencia desordenada y bravía del joven poeta futurista; y sabían de sus extraños gustos, de sus excentricidades, de sus aberraciones eróticas, pues sus actos estaban inspirados por el mismo demonio que atormentó al duque de Freneuse y como su héroe predilecto, Silvio amaba: la belleza del siglo XX, el encanto de hospital, la gracia de cementerio de la tisis y la delgadez... aprendices del cuerpo coreográfico, lirios de taberna, mundanas frágiles con hocico de roedor, bailarinas impúberes, duquesas demacradas, doloridas y siempre lacias; melómanas y morfinómanas; banqueras judías con ojos más cavernosos que los bandidos de arrabal y figurantas de music hall que, al cenar, vertían creosota en el Roederer; insexuales de mesa redonda de Montmartre y hasta enojosas andróginas... chiquillas de rostro anguloso, pavorosas y macabras... cloróticas llenas de afeites y de inverosímiles delgadeces.

Esta de quien iba a hablar era "un lirio de taberna", de esas adolescentes magras que prematuramente quemaron sus alas en la llama loca del pecado. Seguramente no vertía creosota en sus copas de champagne porque este champagne generoso, por caro, sólo se ha hecho para los elegantes crapulosos; pero el mismo vicio, la misma lujuria, el mismo dolor; la mueca pavorosa de esos rostros de rosa marchita cuando el cogñac quema las gargantas; la misma mirada extrávica de esas pupilas sumiéndose en el nirvana de la embriaguez; la misma sonrisa cínica de esas bocas que apestan a tabaco y a whiskey; a labios voraces de marineros que han besado a las cortesanas de todos los puertos y han sorbido la sal del océano; a labios exangües de ricos tuberculosos que van a los lupanares a echarse en brazos de la lujuria, caminando hacia la muerte; y a bocas sensuales, ávidas, inexploradas de adolescentes que llegan a extasiar la pupila sobre el gran libro abierto de la vida: el rojo libro del sexo y de las verdades palpitantes. Aquella mujer de quien Silvio iba a contar la historia desgarrante era una de esas chiquillas del barrio que el azar o la miseria arrojaron al minotauro de los lupanares; una de esas chiquillas delgadas y vibrantes que fueron buscadas por los rufianes del arrabal y explotadas por las Celestinas inmisericordes; y que en sus noches tristes, en sus sombrías noches de burdel vieron abrirse ante ellas, con muecas desordenadas, rostros congestionados por el vicio y el deseo; rostros patibularios, rostros de viejos; marchitos rostros de hombres de negocios cansados de una vida gris; rostros astutos de embaucadores, gatunos rostros de militares y rostros luminosos de juventud. Por eso la historia tendría que ser interesante.

Y Silvio principió a referir con una voz velada de lasitudes:

—La tuve anoche en mis brazos y bebimos en la misma copa. Fui casi ebrio a su cuarto y ella me embriagó de tristeza. Cuando salía, el ajenjo y el coñac se habían disipado, pero yo conservo el sabor delicioso y amargo, a la vez, de sus labios; de sus labios que su espantosa vida no ha podido marchitar; y conservo la inmensa tristeza de sus ojos, sus grandes ojos negros ahogándose en mis pupilas encendidas por la fiebre; y de sus palabras lentas, suaves, cadenciosas, fatigadas, con una fatiga larga y lacrimosa de sufrimiento, de hambres y de martirios. Podéis creer que cuando me iba refiriendo su historia, la historia vulgar y sencilla, la negra y tremenda historia de su vida, igual o semejante a muchas otras, yo me enternecí y lloré. Lloré como un chiquillo tonto o como una mujer neurótica.

No vayan a pensar que esta hembra pálida y ojerosa que anoche tuve en mis brazos y que bebió whiskey conmigo es otra Margarita Gautier u otra Manón Lescant. Cortesanas que fueron amadas por duques y lores y sobre cuyas tumbas se abren maravillosas camelias. Hembras perdidas a quienes su fin doloroso casi las santifica y que se han convertido en heroínas predilectas de las señoritas que leen, lagrimeando con la más sonsa de las puerilidades, las viejas novelas de Dumas y de Bernardino de Saint Pierre. Esta es otra heroína. Para ella no hay ni simpatía, ni lástima ni afectos. Sólo desprecio y condenación. No es creada por ningún poeta o escritor, ni la veréis en un crayón funambulesco. Es la mujer que ha vivido un capítulo de existencia trágica y oscura; una página de angustiosos gestos reales; una criatura frágil, destrozada y servida en el inmenso festín de cuervos que es este mundo. Eso es ella y nada más. Os contaré su historia en cuatro palabras, desnuda de artificio literario, como ella me la dijo, resignada y triste, anoche, en el mísero cuarto del burdel donde una banda de rufianes gruñía como cerdos y saltaban cual muñecos de aquelarre al son desconcertante de un piano desvencijado:

"Vine de más allá de las fronteras. Mi padre es un hombre riquísimo, casi millonario, de la más alta y distinguida sociedad. Mi madre, una dama bella y honorable. Somos varias hermanas: tres de ellas están educándose en colegios de Nueva York; han vivido más de cuatro años en los Estados Unidos y recibirán de herencia una verdadera fortuna. La cuarta hermana está bebiendo y hablando contigo. Cuando era casi una pequeña, adoré a un hombre; no gustó mi novio a mis padres y me maltrataron con frecuentes regaños Me internaron, me tuvieron estrechamente vigilada, pero él halló manera de comunicarse conmigo. Hui un día del internado y me fui a vivir con ese hombre. A los seis meses, el ingrato me botó. Estaba embarazada y un niño vino, muriendo poco después. En seguida, la falta de trabajo, la miseria, el hambre; no tenía casa, ni familia, ni amigos, ni un centavo. Llevé largas horas sin probar bocado, dormí en los zaguanes confundida con lustrabotas y voceadores de periódicos. Un empleado de comercio me tuvo con él varios meses, después... ¡a rodar de nuevo! me enredé con militares, estudiantes y obreros; seguí rodando; de día no comí muchas veces; de noche, estuve con todos los hombres que me buscaron; bebía con ellos como bebo contigo, y la vida me tiró, no sé ni cómo, hasta este lugar. Hace poco leí en un periódico que mis hermanas regresan después de un largo viaje por Europa y los Estados Unidos, y que mi padre va a ocupar un alto puesto en el gobierno... ministro! ¡no sé qué! y, mientras tanto, aquí me tienes".

Lloraba ella. Yo también lloraba. Nos bebíamos nuestra lágrimas mezcladas con el ajenjo. Pedimos más que tomar. Llevaron algo, una mixtura horrible que abrazaba la garganta. Deplorablemente borracha me decía.

—¿No te agrada? Eres un chiquillo. Este es el trago que prefieren los hombres que visitan la casa. Coñac, aguardiente, whiskey y otras cosas más. Es un trago infame. ... como mi vida, ¿verdad?

Haciendo una terrible mueca de asco y repulsión, vació la copa. La espantosa bebida la hizo desplomarse, inerte, sobre el lecho.

¿ Quieren algo fuerte, real, macabro? ¿Queríais algo verdadero, sin literatura, sin pose? Ahí tiene esa vida de prostituta; esa infeliz mujer cuyo padre es millonario y cuyas hermanas se educan en Nueva York, mientras ella se entrega en un asqueroso burdel a hombres brutales. Un inglés excéntrico la hubiera sacado del pantano y convertido en su esposa, como un reto audaz a la noble y vieja sociedad. Pero ésta no es ninguna novela. Es la historia de esa mujer... amarga, ¿verdad? Amarga como una cerveza cochina. Es la vida, sencilla, brutalmente sencilla y al mismo tiempo enormemente trágica; de una potencia emotiva que no encontraréis en los mejores tablados. Esa criatura que fue un día blonda y suave; sentimental y fina; esa pobre muchacha que aún no ha sido totalmente deformada por el infierno de abyección donde vive, está irremisible, fatalmente condenada. Anda llevando en la sangre los virus más asquerosos y mortales. Unos meses más de crápula y ella se pudre en el blanco lecho del hospicio. La noche era triste y fría. En el silencio de los arrabales, incubador de larvas, resonó la gran voz desnuda y vibrante.

> "Bendecidas sean tus plantas porque han sido deshonradas
> Y han entrado en lupanares y se vieron infamadas
> Y han pisado las espaldas del que vive en la pobreza
> Y han hollado la amargura, la humildad y la pobreza
> Y el temblor de la amatista en el broche todo luz
> Es temblor cual el postrero de Jesús sobre la cruz".

LA MUÑECA DE TANAGRA

Piaban con alegría súbita los pájaros a lo largo de la umbría alameda, cuando encontré a Margarita. De lejos la vi acercarse, ligera y vaporosa, marcando el paso sobre la hojarasca que cubría el suelo, bañándose en la frescura que brindaban las acacias corpulentas. El toison áureo de su cabellera, no sometida aún al capricho imperioso de la bob modernísima, despedía fulgores extraños. Viéndola así, a distancia, se embriagaban los ojos en su belleza prestigiada por una luminosidad supra terrestre. Un ser vivo y a la vez —rarísima paradoja— una figura deshumanizada pues los contornos eran vaporosos, indefinibles, apenas se marcaban las líneas del cuerpo. En aquel escenario, lleno de la munificencia primaveral, en la tibia sombra de la alameda, se evocaba una delicada figulina surgida del ágil pincel de un artista versallesco, animando una encantadora gavota en el Trianón florido donde los abates madrigalistas se inclinaran, en ceremonioso alarde, ante las presuntuosas pelucas empolvadas y los falsos lunares.

Yo no imaginaba que en este mundo de criaturas feas, donde imperan el trazo funambulesco de la caricatura y las siniestras tocas de los frailes de Zurbarán, existiese un ser tan delicado, una muñeca de Tanagra, que se llamase Margarita. Frecuentemente, la belleza pasa a nuestro lado sin que nos apercibamos. Aparecen, de súbito, ante nuestros ojos, líneas y curvas perfectas; rostros inolvidables de madonnas que se le fugaron al divino Rafael Sanzio; perfiles de virgen samaritana, ojos profundos que sólo hemos visto en las mujeres de la Biblia; sonrisas enigmáticas con que acaso soñáramos largamente extasiándonos ante la boca maravillosa de Gioconda; semblantes que recuerdan al inimitable Antinoo y cuerpos de una delicadeza, de una finura, de una gracia exquisita que únicamente se han visualizado en seres en quienes se realiza la magna armonía, como el Narciso de la bella fábula helénica.

Así pasan, ante nuestras pupilas indigestadas de fealdad, los signos característicos, únicos, de la belleza. Y no sabemos descubrirlos, no sabemos hallarlos, no sabemos compenetrarnos de ellos, en el momento breve en que están a nuestro alcance, quedándonos en el alma un presentimiento vago, una intuición de algo supremo, de una norma excelsa que deseamos con una porfía vana y triste, pero que está muy lejos de nuestras manos de barro.

Margarita deslumbró inmediatamente mi corazón. No digo que mis ojos porque la visión de ella no fue material, no fue sensitiva, no fue como todas las impresiones que hieren la retina. El mundo ve con sus cristales azules o negros, grises o claros; encuentra los contornos, el perfil, la línea y el color; se da cuenta de la existencia de los seres animados o extáticos porque éstos se dibujan ante su lente y los recoge. Si yo dijera que vi a Margarita y que deslumbró mis pupilas con su belleza plástica, expresaría un concepto demasiado vulgar. Ella no vino a mi retina. Ella vino a mi corazón. O—liquidando la anatomía ella llegó a fijarse en la órbita luminosa que rodea a todo corazón sensible a las manifestaciones de la belleza. La psicología explica la presencia del alma, ya sea una noción superrealista, desligada de la carne y de los sistemas biológicos; o ya sea el conjunto de estos y el alto grado de desarrollo de las facultades intelectivas. Sin entrar en consideraciones sobre esta materia, yo creo que todo corazón —carne, nervios y sangre— tiene en derredor una órbita que es, a veces, de una luminosidad transparente, matinal, radiosa, o domina en ella la penumbra y apenas una chispa, un punto ígneo se descubre en medio de la sombra. A esta órbita es a donde llegan a fijarse las imágenes que no pasan por los ojos aunque fisiológicamente tengamos la sensación de haberlos empleado para recogerlas. Llegan como los presentimientos, como los anuncios de los clarividentes, como las vibraciones del futuro en el cuerpo atormentado de las sibilas.

En ese círculo luminoso es donde se fijan las normas supremas, las líneas y los colores perfectos, los sonidos melodiosos, las profecías y las voces del arcano, que no tienen sonoridad, que no existen, sino en los individuos predestinados a recibirlas. El mundo no. sabe de dónde sacó Miguel Ángel la inspiración para decorar la Capilla Sixtina; de dónde extrajo el Dante el fuego tremendo que anima la Divina Comedia; cómo aprisionó Beethoven el alma musical de la Décima Sinfonía; en qué región de la gigantomaquia conquistó Wagner las voces estupendas de su tetralogía; o a qué cónclave divino fue Shakespeare a pedir consejos para animar las figuras magnas de sus vastos escenarios. El mundo ignora como han surgido los Atridas y el Prometeo Encadenado; los nueve círculos infernales; Macbeth, Hamlet, Timón de Atenas; los Nibelungos, las Walkyrias y Siegfrido. No sabe tampoco en qué rincón funerario dormitaba el cuervo agorero de Edgard Alan Poe y los demonios que presidieron en las creaciones de Lorrain o de Wilde La visión angélica, el color purísimo, la nota delicada; el grito sibilino llegan del exterior o vienen desde el arcano; desde lo que está fuera de la vida universal a esa órbita luminosa que rodea nuestro corazón y ahí toman cuerpo, ahí crecen hasta que se proyectan, radiantes, sobre el plano oscuro donde la generalidad de los seres se agita.

II

Así penetró hasta mi corazón la imagen de Margarita. La encontré luminosa, irreal, tenue, con lineamientos vagos, imprecisa, como un ser que nada tiene de mundano, como una vaporosa figura de las que pintó Gustavo Doré para exornar la Divina Comedia. Todo mi cuerpo fue bañado de luz y vibró largamente, intensamente, cristal herido en la entraña harmoniosa. Mi pobre barro tuvo de súbito una transparencia indefinible en ese momento supremo. Me sentí ligero, ágil, libre de la costra de prosaísmo. Fue como si dos alas sonoras, rítmicas, cadenciosas, brotasen en mi carne. La visión pasó por mí, bañó mi epidermis y penetró mi cuerpo. Mis ojos la encontraron adentro, en un marco de luminoso éxtasis. Era la Belleza hecha carne y entendimiento y eran el entendimiento y la carne convertidos en imagen de belleza. La realización de un ensueño supremo, de una norma elevada, de un ideal que se nutrió con las blancas intenciones, los desvaríos de gloria, los sonambulismos artísticos y el dolor de las quimeras que han llenado mi vida. Ese ideal estaba ahí convertido en forma vaporosa y alba y esa forma cantaba en mi ser epifanías de resurrección.

La presentida, la implorada, la esperada en noches de insomnio y en horas de fiebre, había llegado. Aquellos contornos que apenas se insinuaban en mi cerebro, aquel perfil que fugazmente pasó ante mis ojos, aquella forma... ¡aquella forma tanto tiempo anhelada! estaba ya en mí la tenía en la órbita serena y radiosa que circunda el corazón. Era mía.

Margarita, quién sabe por qué designios oscuros, realizó el milagro que a veces causan los crepúsculos, el mar, la contemplación meditativa de los horizontes, el alma blanca y musical del surtidor, la toca monjil del invierno y el manto flordelisado de primavera. La imagen delicada, la preciosa figulina, hizo vivir en mí la Belleza la belleza inmortal que perdura en los mármoles fríos cuando hay una mano de Praxiteles o Cánova destinada a efectuar la epopeya del cincel. Porque, en esencia, la Belleza es imperecedera, eterna. Vaga, flota sobre los seres, sobre las cosas, sobre el universo, sobre la creación entera vibra en el éter y en las alturas, se extiende encima de la grandiosa desolación de los océanos, se refugia en una margarita o en la garganta del ruiseñor y en la cuerda nerviosa del Stradivarius. No la vemos, no la sentimos, no la palpamos sino en ciertos instantes de fuego emotivo y creador: y aún hay pobres seres que no la conocen jamás, pues en ellos es muy reducida la órbita luminosa y no poseen más que el ojo anatómico que en poco se diferencia del ojo de la liebre o del gato. Seamos compasives con ellos.

La Muñeca de Tanagra realizó en mi ser el milagro. La rosa estética creció bajo el halo radiante de su juventud y su gracia. Las normas supremas, las líneas puras y los colores inconfundibles encontraron su cauce. Como el recuerdo más delicado de la estatuaria griega: aquellas figulinas gráciles, inquietas, nerviosas, rosadas, que fabricaron en arcilla los coreópatas del Mar Egeo, es ella. Por eso la di ese nombre.

Un día la vida rompió en mis manos la muñequita de Tanagra. La deliciosa estatuilla se hizo mil pedazos y mil artistas ante la desolación inútil de mis plegarias. Fuese de mi destino, se alejó de mis quimeras, sutil, blonda, vaporosa, tal como la encontré la mañana azul en que piaban los pájaros en la fresca alameda. La imagen se hizo también mil pedazos y mil aristas en mi corazón—fue desvaneciéndose lentamente, fue tornándose más vaga, más imprecisa, más tenue. Se hizo como una nube. Se polarizó en mil direcciones. Penetró en mi vida, en mi cerebro, en mi sangre y en mis recuerdos semejante a un perfume sutilísimo. Pasó a integrar mi ser. Confundiéndose con las imágenes de belleza que en él hay guardadas, aumentó mi divino caudal. Porque la visión es fugitiva, pero su gracia no muere. Cuando ya la imagen se ha desvanecido, su luz imperecedera hace transparente nuestro corazón.

LA MUERTE DEL BUDA

Varios años reinó en el saloncito familiar el Buda que tenía la sonrisa plácida y reflexiva la mirada. Luis lo compró en una alfarería mexicana, cuando realizaban su viaje de bodas. En medio de una abigarrada multitud de cacharros aztecas, cabe a los zarapes multicolores, el Buda de barro era una nota de exotismo. Se sabía que no se encontraba en su lugar; pero su gesto seguía siendo inmutable en el bullicio del ruidoso mercado. Cuando lo vio Luis, apasionado por los objetos raros, no pudo contener una exclamación de gozosa sorpresa.

—Mira, mujer. Ese Buda no está contento allí. Voy a comprarlo.

—Tantos objetos curiosos nos van a dejar pobres: arqueros indios, zarapes, cromos, estatuas......y ahora Budas.

—No importa, mujer. Todo eso contribuye a nuestra felicidad.

—Vamos, pues, cómpralo, hombre, cómpralo.

Desde ese día, el Buda formó parte del estado mayor que acompañaba a la feliz pareja. Cuando regresaron a la ciudad natal y fijaron su residencia, el Buda ocupó, gracias al cariño que le profesaba Luis, un sitio de honor. El marido vivía encantado con el barro que modeló un artista desconocido. Sereno, plácido, inmutable, el Buda recibía todas las mañanas el saludo cordial del señor de la casa. Estaba allí con su manto exornado de florecillas, su mirada paternal y su gesto indulgente. A veces lucía muy honorable en el centro del salón, otras veces reposaba su virtuosa existencia sobre la ortofónica y, en muchas ocasiones, era tratado con verdadero irrespeto por las doncellas, que al disponer el arreglo de los objetos enviaban al Príncipe dadivoso a cualquier obscuro rincón. Entonces Luis profundamente agraviado reivindicable en sus derechos, colocándolo en un lugar donde fuese visible para que los amigos del matrimonio, al admirarlo, interrogasen.

—Lo adquirí en una alfarería mexicana—exclamaba muy ufano—y es un objeto de raro valor. Mire qué delicadeza de formas, qué perfección! Barro azteca, amigo, barro de Tenochtitlán, modelado por un escultor indio. Aquel de más allá…pues es un arquero, un hijo de Anáhuac; quizás uno de los que derrotaron a Cortés la Noche

Triste.... ...tal vez alguno de los que llevaron en sus hombros el regio palanquín de Moctezuma. Admire usted la tensión de la musculatura acerada! Hermoso.......¿no es verdad? Pero yo quiero más a mi Buda. Fíjese usted, parece que va a decir algo. Vea la fidelidad de la expresión y la gracia en el modelado!

Luis se exaltaba hablando de su ídolo. Reprendía a las doncellas cuando decían, irrespetuosamente, "el muñeco de barro que está en la sala". Idiotas ¡Si supiesen! Cierta vez, una aristocrática dama, quinta esencia de la sociedad capitalina, señalando al Buda, exclamó:

—Ponga en otro sitio a ese "negro", Juanita; y oigamos algo de música.

El Buda recibió en plena mejilla aquel bofetón. Estaba muy señorial y tranquilo sobre la ortofónica y la señora de la casa, sin reparar en su majestad, lo dejó encima de una silla, mientras los discos esparcían en el salón sus alegres notas. Así despreciado estuvo el gran altruista hasta que Luis lo restituyó en sus derechos.

—Negro llamó al Buda ¡Vieja encopetada que no tiene noción de arte plástica... mujer ignorante y presumida!

—Cállate, hombre... eso nada vale,

—No puedo soportarlo, nena. No puedo soportar que ofendan así a mi Buda!

Tu Buda ¡vaya... parece que fuera el Padre Celestial!

—El Padre Celestial. Bah! No te rías nena. Voy a referirte la historia de ese discreto testigo de nuestra dicha. Oye: Buda, a quien adoran millones de creyentes, era un gran señor, un príncipe magnífico, enormemente rico y poderoso. Dueño de inmensos tesoros, de vastos dominios y de objetos suntuosos. En sus manos estaban el placer, la opulencia, el poderío, la majestad. Gozó las primicias de la vida y sus labios acariciaron mil veces los frutos de la tentación. Una noche, el Príncipe fastuoso, el gran señor, abandonó todas sus riquezas y sus vastos dominios y los placeres del mundo; vistió un sayal tosco, se apoyó en un báculo y se fue a predicar la serenidad, el bien, por los caminos de su tierra. Sus tesoros y sus inmensas posesiones sirvieron para aliviar el dolor de los necesitados; y las palabras de aquel mendigo caían sobre los corazones atormentados como un rocío balsámico. Hoy, el Budismo; la abstención, el renunciamiento de los goces terrenales a cambio de la paz espiritual, os la religión de millones de hombres.

—Pues yo prefiero a Jesucristo. Y la religión de mis padres. Creo que no existe otra más hermosa.

—El Cristianismo... también es sublime, nena. El Maestro quiso implantar entre los hombres el reinado del amor, de la piedad, pero la concepción primaria se alteró. La doctrina purísima, en manos de los hombres aviesos y corrompidos, se tornó un adefesio. Vinieron las simonías, las avaricias, las expoliaciones, las torturas. Los pontífices desfilan —a veces magníficos y deslumbradores— hombre de genio y de garra. La Iglesia dilata sus dominios y el pendón clerical flamea por todos los rumbos, pero muy lejos, muy lejos de la doctrina suave, generosa, altruista del Maestro.

Y así, en ese estilo, continuaba disertando el marido. La plática terminaba frecuentemente en altercado y la esposa, contrita, venía a los brazos de Luis a exponer sus quejas:

—Tus ídolos... tus ídolos que me roban tu cariño.

—Mis ídolos, recuerda, nena, que tú eres uno de ellos.

—Sí... el novelista, el Buda y en último término, Yo, tu mujercita.

—No, nena. Aquellos son los ídolos de mi fantasía. Uno colma mis aficiones literarias (el novelista era Anatole France, autor favorito del joven). El otro me brinda a veces, con su presencia, un rato de paz y de reflexión. Tú, nena, eres la diosa de carne. Alegría del hogar.

Ella sentía hacia el Buda un poco de rencor. Le veía con ojos de reto. No ocultaba su despecho. Aquel barro le robaba algo del cariño de su esposo y por su culpa Luis quería hacerse budista... budista.

¡Hablar mal de la religión de sus mayores! ¡Maldito muñeco de arcilla!

Pero el reinado del Buda, modelado en barro legendario por la mano suave de un indio alfarero, nieto de Netzahualcóyotl, iba a extinguirse muy pronto. Una noche, ajeno a la suerte que estaba para correr su ídolo favorito, Luis habíase quedado leyendo en su biblioteca. Juanita andaba por el interior. El gato de la casa, un soberbio Angora, penetró en la sala. El Buda filosofaba sobre la mesa del centro. Cerca, los jarrones japoneses exornados de rosas blancas. Allá el arquero azteca cuyos robustos hombros cargaron el regio palanquín de Moctezuma. El gato andaba por la sala, acariciante, cauteloso. De pronto, la pequeña garra rosada se enredó en el tapete de la mesa central. Haló el gato y ¡catástrofe! El Príncipe magnánimo, el gran señor altruista, el Buda de plácida sonrisa y mirada tranquila, se hizo pedazos contra el suelo. Acudió Luis y su desolación no tuvo límite. Acudió Juanita, que en su conciencia sentíase alborozada. La servidumbre contemplaba con ojos de conmiseración los restos del Príncipe.

Más tarde, cariñosa e insinuante, Juanita le decía a su esposo:

—Alégreme por la muerte del Buda—es un ídolo menos que me roba tu cariño.

Y él aún apesarado, pensando en la mañana de sol jocundo en que descubrieron al Buda, misógino y plácido en medio de los cacharros típicos y de los vistosos zarapes, respondió:

—Han muerto dos ídolos, nena. Ya no gusto de Anatole France: prefiero leer a los rusos. Ha muerto mi otro ídolo: el Buda. Recuerda que tú eres el tercero. ¡Para que seamos siempre felices, quiera Dios que nunca termine tu reinado en mi corazón!

EL AMOR DE LOS AMORES

Pudo encontrarla en una página de Francis Jammes o en un soneto autumnal de Juan Ramón Jiménez; esos eran los marcos propios para su figura grácil, para su musicalidad de surtidor, para su fragancia de jazmín. Pero en aquel año remoto, Ricardo era un adolescente que recorría en bicicleta las calles de la tropical ciudad de San Pedro Sula, sin saber nada de la melancolía de la "Pobre Cojita" y sin romantizar bajo el oro de los crepúsculos; y fue así que, bajo los destellos de este nuestro glorioso sol hondureño, en la tropical ciudad y en una mañana diáfana de esas que aprovechan las tristes lisiadas para lograr un poco de calor, descubrió el rostro de Olga, iluminado de sonrisas, fragante como las rosas y las pomas que decían la locura de sus colores en el huerto solariego.

Las lunas de doce primaveras se habían dormido en los ojazos criollos, bajo la tropical exuberancia de sus pestañas. Era pequeña, demasiado pequeña; milagro de carne trigueña, haz de luminares, escala de arpegios. Fue en la llama de sus pupilas donde hubo de encenderse la maravillosa lámpara de Aladino que descubrió a Ricardo ese misterio que llaman Amor. El escolar que soñaba con las aventuras de Salgari y de Rocambole de improviso se sintió héroe de una novela pasional. El príncipe azul llegaba hasta el castillo de la Bella Durmiente; Lohengrin iba en busca de su Bienamada retando a los celosos guardianes, que eran la parentela de la niña y las abnegadas maestras del colegio. Como los amantes de Víctor Hugo, los pequeños novios se enviaban mensajes de ternura en los balsámicos efluvios de los jardines, en el canto de los pájaros, en el sol de primavera. El ritmo con que palpitaban sus corazones era unánime, en el alborear de la sangre, ansiosa de querer.

Como todas las ciudades del trópico, San Pedro Sula tiene árboles corpulentos, provistos de follajes densos; junto a sus troncos robustos que son como arcas de fechas memorables y de nombres adorados, en un banco hospitalario, se van las horas sin sentirse; mirándose muy hondo, queriéndose en silencio pleno de contemplaciones, de timideces y de sinceridades. Así se viven esos capítulos del primer amor, llegando apenas a los bordes de la confidencia, insinuándose las caricias; cuando el beso es leve aleteo de futuros deliquios. Y se goza viendo al burgués que llena el jardín con su protocolar figura; a veces la maestra da para el gasto jovial con sus sermones de moral y buenas costumbres o la súbita alegría del aguacero que causa la fuga precipitada de las personas formales y hace estallar las risas de los muchachos.

Desde el cantar de los cantares, hasta Stendhal y Freud se han desvelado los poetas y los psicólogos tratando de explicar los misterios del amor. Ricardo no conocía ni el himno voluptuoso dedicado a la Sulamita, ni las complicadas teorías de los analistas, pero sentía en su interior algo parecido a una revolución desde que vio a Olga. Supo de las ansias febriles, de los ayunos, de las impaciencias que torturan el corazón; de lágrimas furtivas, de celos que enardecen la sangre en presencia de un rival que ha obtenido éxitos momentáneos.

La bruma de los chubascos fue disipándose; brilló con rabia el sol de los estíos; murieron en las canículas muchos huertos; se desbordó el Ulúa sobre las plantaciones, llevándose en su torrente impetuoso aldeas y puentes; incontables barcos partieron con las entrañas congestionadas de bananos; fallecieron muchos viejos y se desgarró la carne muchas veces también, en los supremos instantes del parto; día tras día llamaron a misa las campanas del templo o se quedaron mudas en el éxtasis del ángelus; y mes tras mes, hasta las pruebas finales, las notas de calificación hicieren encenderse en rubores de vergüenza o de alegría el rostro de los escolares; al vestido de las niñas se le aumentó una pulgada hacia abajo, sobre las rodillas y para arriba, hacia la garganta; la maestra extremaba su severidad en la cátedra de moral y buenas costumbres; algo raro sucedía a los muchachos que a poco hablar ahuecaban la voz, enriqueciendo. Diríase que los soles picaban con más fuerza en la sangre, loca de palpitar....

Habían transcurrido dos años. Ricardo sabía muchos detalles de la vida de Olga. Había nacido en Guadalajara de Jalisco; en la tierra mejicana de los jarabes y de los nopales. Bailaba admirablemente; era una fiesta verla bordar "El Relicario" y una dicha contemplarla vestida de tehuana. Tenía un padre que se había batido en las líneas de Torreón, cuando los "dorados" de Pancho Villa, mandados por Rodolfo Fierro y dirigidos por Felipe Ángeles asaltaron la ciudad del norte; el señor feudal de aquel quimérico castillo donde habitaba la

Bienamada, vino a Honduras buscando una tierra cálida en afecto hospitalario para sobrevivir en el exilio; su deseo de abrirse un camino, fue a probarse en las selvas impenetrables de la Mosquitia hondureña, donde crecen árboles que son un reto al cielo, se despeñan torrentes que estremecen la tierra con sus rugidos y hay innumerables parajes que sólo han sido marcados con las huellas del puma y del tigre o los anillos de las grandes serpientes. Transcurrían los días; la corriente impetuosa del Patuca llevaba aguas abajo las enormes trozas de la concesión maderera, hasta que llegó el final de todo aquello; el adiós a la jungla hondureña, a la comarca virgen reservada al celo del porvenir; a los ríos desbordados, a las lagunas donde los zambos marcan el ritmo de su vida primitiva con el monótono batir del remo.

Olga sabía muchas cosas que adornaban la figura de Ricardo, dándole a veces el prestigio de un héroe juvenil surgido de los cuentos ilustrados de Calleja, que se leían a hurtadillas de las severas preceptoras. Cuando era apenas un niño mimado vivió en las riberas del Mississippi, cantado por Chateaubriand y en Yucatán donde floreció la civilización maya. Estuvo algún tiempo en el colegio de "'Soulé" hasta que su familia creyó conveniente repatriarlo. Vino a Tela, el puerto nuestro que parece un rincón del archipiélago malayo y de allí, su señor padre, sumamente disgustado por su conducta en el colegio yanqui, lo envió a San Pedro Sula, sometiéndolo a estricta vigilancia. Ahora sólo le era permitido escapar al puerto para gozar en la serenidad de aquellas tardes en que tripulando un balandro se iban con su hermano José, mar adentro, a robarles su botín a los pájaros que asaltan las "pesquerías".

Su tiempo lo había consagrado casi todo a Olga: verla en la mañana, furtivamente, antes de ir al baño; encontrarla en el campo de basquetbol para alejarse con ella del grupo bullicioso de las amigas, buscando una sombra amable, donde conversar a solas y soñar, soñar mucho en las noches de luna, cuando el Ulúa es un fantástico caudal de diamantes. Así pasaban los días y en cada mañana surgía un nuevo pétalo en el rosal de sus amores.

Una tarde, en el muelle de Puerto Cortés, Olga agitó mucho tiempo su pañuelo, mientras allá, sobre la remota línea del horizonte se borraba la estela de un barco, que llevaba a Ricardo hacia la ciudad de los rascacielos.

¡Olga! ¡Olga! Veía su rostro iluminado de sonrisas en los vidrios de los lujosos escaparates, en los anuncios deslumbrantes de la ciudad feérica, en el cielo de Nueva York, que no han logrado alcanzar las babeles de acero y de cemento, en las aguas del Hudson....en todas partes. Y en todas partes también, a cada segundo, con la regularidad de un cronómetro, se repetían las sílabas de la palabra mágica. No era duro el trepidar incesante de los trenes, sobre su cabeza y bajo sus pies; ni estridente el ruido de los jazz—bands, ni agudo el grito múltiple de las sirenas, porque todas aquellas voces, todos aquellos sonidos, aquel rumor eterno en el tiempo y en el espacio, decía en sus oídos una y otra y mil veces....¡Olga!¡Olga! a semejanza de una letanía, de un ritornelo, de un batir de olas en los acantilados de su costa hondureña; la costa del trópico, donde el plenilunio acaricia bosques de palmeras o de manglares; un batir de olas pleno de las voluptuosidades recónditas del mar.

Mientras recorría, a veces a pie, enormes distancias de la urbe polifacética y trepidante, el rostro de Olga le precedía siempre. Iba por las avenidas, empujado, atropellado por aquellas gentes que viven estrujando cada minuto; se detenia frente a los escaparates, penetraba en las cafeterías, en las fábricas, en los bazares; transitaba por los barrios de los judíos gozando en la promiscuidad bulliciosa y farandulera de estos comerciantes incansables; alargaba sus paseos por Harlem, por el Bowery, por los muelles. Y también veía reflejarse su imagen en los vidrios de los Roll—Royce que atravesaban Park—Avenue; lanzaba sus miradas tímidas a las residencias de los millonarios de Riverside; veía hundirse el sol desde la tumba de Grant y aparecer las primeras estrellas sobre la Libertad y el mar sintiéndose invadido por una debilidad creciente, debida a la falta de alimentos.

Como una vez en "Soulé" Ricardo había vuelto a portarse mal en Nueva York y al finalizar el segundo año de high school causó un serio disgusto a su señor padre, quien decidió suspenderle su pensión Y como los músculos duros, la fibra humana del muchacho; sus veinte años gárrulos, su estómago voraz como de chacalote; su corazón que saltaba con la agilidad de un funámbulo y su fantasía veloz cual un tarahumara no le permitían realizar aquel gesto de resignación heroica de una muchacha hondureña educada en la Universidad de Columbia, que se batió contra el hambre devorando manzanas durante varios días para no abandonar sus estudios dejó el colegio resuelto a hacerse hombre en el yunque de la moderna Babilonia, donde la necesidad, la miseria y el ayuno forjan los cíclopes de esta edad contemporánea.

Cuando ambulaba por los muelles de Nueva York venían a su memoria anécdotas de muchachos hondureños, perdidos en la vorágine, sin un centavo, sin un bocado. Se decía de uno que estuvo pescando para alimentarse, hasta que un magnate, compatriota que regresaba a Honduras, lo recogió extenuado reintegrándolo a su hogar; otros que vivían explotando la pequeña vanidad humana de lustrar el calzado; otros que iban a recibir sopapos hasta quedar inválidos en los rings de entrenamiento de los boxeadores de segundo orden; algunos que encontraban la manera de subsistir «sableando» a los paisanos crédulos ingresados recientemente; más de uno que andaba enredado en los líos de los bootleggeres; varios conocidos que cayeron apaleando nieve y muchos más que hacían de lavaplatos en los restaurantes. Todos estos heroísmos anónimos, para ganar el combate diario, la escaramuza mortífera, en la gran batalla de aquel vivir de desamparados, en el que era preciso vencer o morirse.

Transcurrió así el tiempo hasta que Ricardo dio con un empleo. Y después de dos años sentíase feliz, absolutamente feliz, aunque a veces el hielo le penetraba en las carnes. Satisfecho porque había vencido a la urbe monumental y poliforme; aquella vorágine donde tantos desaparecían sin dejar huellas; aquella Nueva York, pulpo inmenso que tragaba vidas sin cesar. Él la había domado. Ahora ya no temía caer sin sentido en la vía pública y quedar transformado en un nudo de carne sanguinolenta y de astillas de huesos, bajo las ruedas de un bus. La metrópoli coruscante y faraónica se le entregó toda, como una amante rendida, cuando él olvidó su timidez de enamorado primerizo para lanzarse a la conquista de sus razas, de sus calles, de sus sótanos, de sus rincones tentadores. Ya no eran un secreto para él los speakeasies, donde probó el alcohol de madera, moonshine infernal que le carbonizó las entrañas; detestable licor que en nada se parecía al de su tierra, puro y fuerte, que revuelve la sangre en locas burbujas; ni eran una leyenda los paraísos artificiales porque fumó marihuana en una noche inolvidable; ahora no temía la promiscuidad de los subways, donde se encontraba con tipos de variedad fantástico, ni le causaban vértigo las alturas desconcertantes de los rascacielos; gustaba de confundirse en las marejadas de las avenidas y de los restaurantes donde se mezclaban la jerigonza de los judíos y de los checos con la pesada articulación de los teutones; donde sonaban canciones napolitanas, monosílabos de orientales, silbatos de policías y mil ruidos enloquecedores....

En "La casa de los marineros", lugar a donde iba. a dormir, dados sus escasos recursos, vivió Ricardo un capítulo de las novelas de Salgari que le apasionaron en sus diez años. En aquel salón enorme, mal alumbrado, donde se amontonaban deshechos de todas las razas sintió la inquietud de viajar; volvieron a sonar en sus oídos los nombres fantásticos de las escalas de Oriente: Singapur, Ceilán, Shanghái, pero era necesario dormirse para estar listo a saltar al primer campanillazo y cumplir con su obligación cotidiana. Después de que la metrópoli se le rindió, el muchacho hondureño amó sus detalles, sus ídolos, sus intimidades. Sentía pasión por las hazañas de los "gánsteres", por Al Capone y los jurados sensacionales; era su fetiche aquel pujante Jack Dempsey; y el rostro de Norma Shearer lo sumía en el ensueño. Nada secreto le reservaba la urbe porque él la conocía en todos sus detalles, desde los «elevados» trepidantes, hasta los ocultos subways; desde los antros de los barrios bajos hasta las terrazas de Wall Street; era suya la urbe con el rumor gigantesco de sus martillos, los chirridos de sus poleas, el alarido simultáneo de sus sirenas y el jadear de sus motores. Suya la urbe desde los ojos claros de las girls millonarias hasta la carne mercenaria saboreada en largas noches de crápula....

Algo raro había en su vida. Algo que tenía el prestigio de un sortilegio; muchos Ricardos habían muerto, sucesivamente, en él; sólo era un recuerdo aquel chico que se subía a los cocoteros en la playa de Puerto Castilla; sólo era un vago fantasma aquel muchacho azorado frente al mar inmenso que lo esperaba cuando abandonó su tierra, enviado a "Soulé", a principiar sus estudios; había desaparecido también el estudiante de high school que se llenaba de congoja viendo las calles de la urbe. Tantos seres, tantos lugares; un mundo entero falleció para él en esas fases sucesivas de su desarrollo; y ahora que estaba en plena juventud; ahora que se sentía con la arrogancia de un dominador, frente a la metrópoli entregada y palpitante, le causaba sorpresa que ¡Olga! ¡Olga! aquella mujer pequeñita y bruna siguiera aferrada a su vida, presente en su recuerdo como si no hubiesen transcurrido tantos años desde aquella mañana remota en que la descubrió entre las rosas del jardín.

Una noche, mientras dormía entre inmigrantes polacos y marineros italianos, Ricardo sintió eso que los novelistas llaman "nostalgia"; quería ver el mar azul donde gozaba en las tardes serenas en compañía de José; quería oír el arrullo de las palmeras de su costa; quería a los suyos, a Olga....a ¡Olga! y repetía la melodía de aquel nombre mientras iban esfumándose los rascacielos; mientras desfilaba ante sus ojos el bellísimo panorama de La Habana; mientras se acercaban a la costa de Honduras....

La vida siguió su curso ordinario y gris. Ricardo acogióse al regazo maternal de Tegucigalpa, sin ver de nuevo a Olga, pero dedicándole las puras devociones de sus recuerdos; sus buenas intenciones, sus propósitos de enmienda, después de una copiosa vendimia en la que fue la sangre una llamarada. La amó mucho; quizá sea éste su primero y único amor —el amor de los amores. Su ágil corazón y su fantasía veloz tal vez lancen de nuevo sus veinticinco años pletóricos de savia en busca de la castellana de su quimérico feudo, con la impaciencia febril con que recorría a pie enormes distancias, en Nueva York, para asistir a un jurado sensacional, ver a un personaje mitológico o para encontrar una colocación en aquella vorágine donde se forjan los cíclopes de la era contemporánea.

Y es por eso que la historia se queda trunca como los idilios de adolescencia; como las vidas de los hombres, cortadas por la muerte, en plena ascensión; a semejanza de esas columnas de mármol que simbolizan una gloria no lograda....

* 9 7 9 8 8 9 2 6 7 6 2 4 3 *